初中 物理 名师 行思录

李高建

乔 勇

主编

山东教育出版社

·济南·

图书在版编目（CIP）数据

初中物理名师行思录 / 李高建，乔勇主编 . —济南：
山东教育出版社，2022.10
　　ISBN 978-7-5701-2359-9

　　Ⅰ.①初… 　Ⅱ.①李… 　②乔… 　Ⅲ.①中学物理课 –
教学研究 – 初中 　Ⅳ.①G633.72

　　中国版本图书馆 CIP 数据核字（2022）第 197076 号

CHUZHONG WULI MINGSHI XINGSILU
初中物理名师行思录

主管单位：山东出版传媒股份有限公司
出版发行：山东教育出版社
　　　　　地址：济南市市中区二环南路 2066 号 4 区 1 号　　邮编：250003
　　　　　电话：（0531）82092660　　网址：www.sjs.com.cn
印　　刷：山东星海彩印有限公司
版　　次：2022 年 10 月第 1 版
印　　次：2022 年 10 月第 1 次印刷
开　　本：710 毫米 × 1000 毫米　1/16
印　　张：13.75
字　　数：230 千
定　　价：49.80 元

（如印装质量有问题，请与印刷厂联系调换）印厂电话：0531-88881100

本书为：

山东省初中物理特级教师工作坊建设阶段性成果。

泰山学院教师教育研究专项课题《基于教师专业发展的中小学区域协同教研机制创新研究》（项目编号 JY-01-202208）阶段性成果。

泰山学院第十四批教学改革与研究课题《基于教师专业发展的名师工作室建设路径研究——以泰山学院名师工作坊为例》（项目编号 JG202132）阶段性成果。

编委会

主　　编：李高建　乔　勇

编写人员：（以姓氏笔画为序）

马先艳　刘庆高　许延霞　孙　青

孙建智　孙福锋　杜　静　杨海燕

李大强　李万海　李金玉　李宗强

李　艳　邴兴芳　侯艳红　秦爱梅

秦　静　徐　波　徐　勇　郭宝江

密书胜　魏　艳

前言

党的十八大以来，习近平总书记就加强教师队伍建设作出系列重要指示，强调教师是教育工作的中坚力量，广大教师要做"四有"好老师、"四个引路人"，实现"四个相统一"。中共中央、国务院印发了《关于全面深化新时代教师队伍建设改革的意见》，教育部等部门出台了《新时代基础教育强师计划》，要求培养"高素质、复合型教师"，培养造就基础教育领域的教育家、大先生。这是中国特色社会主义进入新时代对教师提出的新要求。

教师的成长是一个广泛关注的话题，尤其是青年教师在成长的各个阶段总会有不同的困惑，渴望能够找到可参考、可借鉴和可复制的路径和模式。为满足广大基础教育工作者的需求，我们组织山东省初中物理特级教师工作坊成员编写了《初中物理名师行思录》。

《初中物理名师行思录》的价值在于：它提供了20余位具有代表性的、有血有肉有温度的初中物理卓越教师成长案例，回答了在走向卓越教师的道路上需要抓住的关键环节及破解难题的策略和方法。案例撰写者多为山东省特级教师、正高级教师和高级教师，既有城市中学教师，也有农村中学教师，既有中学校长，也有一线教师。他们具有渊博的学识和高尚的师德，对初中物理教育教学规律有着深刻的认识和理解，具有鲜明的教育思想。这些案例既有普遍性又有较强的实践性。

结合学科特点和人才培养要求以及自身工作实际，各位名师凝练自己在教育初心的坚定、教学境界的提升、终身学习的意识、教学研究能力的发展、教学技艺的完善、教学业绩的优异表现以及个性化的发展等方面的典型做法和感人事迹，形成本书。这对于青年教师的成长具有十分重要的现实指导意义。

真心期盼更多的读者从中受益，衷心希望更多的教师走向卓越。

目 录
CONTENTS

寄语：心在哪里，生活就在哪里。愿我们心系学生，体验与学生共成长的幸福和快乐！

执着的追梦者

——我的专业成长之路

日照山海天旅游度假区教育和体育局　马先艳

"找准定位，寻求发展""课堂教学，勇于探索""潜心科研，理论提升""学会反思，绚丽人生""团结协作，共同发展"是我在专业成长路上的5种方法；因为有梦，所以追梦，对教育的热爱和执着使我28年来一直激情满满，追梦前行。

张志勇教授说："把有益的探索做到极致就会形成特色。"28年来我牢牢把握"以学生为本"的教育理念，以对学生的爱与信任为起点，以培养学生的自主学习能力和创新精神为落脚点，努力探索新课程改革背景下的物理教学；无论是在学校做中层领导、副校长，还是担任教体局的分管领导，我都坚持亲自带班教课，在物理课堂上实践着，反思着，提炼着……我的物理课堂不断触动着学生的心灵，他们在和我交往的过程中享受成长的快乐。

一、找准定位，寻求发展

人们常说，"教师是太阳底下最光辉的事业"。如果仅从物质生活的角度看，教师不是最光鲜的职业，而是辛苦谋生的职业。如果从生命存在价值的角度看，教师应该是最光辉的职业，在育人的过程中感受到这是太阳底下最光辉的职业。教师能否创造职业的辉煌，感受到职业的光辉，取决于他的人生态度，取决于他的价值追求和职业素养。

我曾经看过一个小故事：3个工人正在地上砌砖头。有人问他们在做什么，他们的回答各不相同：一个说"砌砖"，一个说"赚钱"。而第三个则自豪地回答："我正在建造世界是最美丽的房子。"后来，第三个人成了著名的建筑师，而那两位工人一生默默无闻。

这给我一个启示：人生要有一个清晰的定位，要看到长远目标，不做课本的奴隶，不为赚钱而教学，要为成就学生和自己的美好理想而奋斗。

我出生在一个普通的农民家庭，父母都是识不了几个字的淳朴庄稼人。上小学时，虽然教我们的老师布置完作业就要去干活，但在我们眼里老师就是最神圣的人。当我12岁考上日照市岚山区巨峰镇初级中学时，才知道山外有更大的世界，有那么多知识渊博、善解人意的老师。当时我就想，我也要当像他们那样的好老师。1994年，我从日照师范学校毕业，被分配到梁家桃园村的一所由两处村办联中合并成的普通中学——巨峰第三中学。从此，我正式成为一名初中教师，登上了梦寐以求的讲台。我至今清楚地记得父亲当时对我说的话："要当就当个好老师，庄户孩子不容易，只有上学这条路才能让他们不再过苦日子，你可千万不要误了人家孩子。"父亲的话就像他的为人，朴素、深沉。他让我坚定了一个目标：要当就当一个好老师，不能误人子弟。

学校根据物理教师短缺的实际情况，让我任教初三的物理，我愉快地接受了学校的安排并暗下决心：一定把物理这门课教好，尽快成为教学上的行家里手。可当我登上讲台，班长一喊"起立"时，我往下一看，黑压压一片，好多个子都比我高的学生，汗刷地一下就出来了，我勉强把事先准备了无数遍的课讲完了。没想到下课时，学生们却围上来夸我课讲得好，普通话好，字写得好。我的第一堂课得到了学生的认可。我俨然成了他们的朋友，当时一个梦想在我的心中升腾，我要当一名"让学生忘不了的好老师，一名优秀的教师"。

于是，我处处严格要求自己。在教学实践中，我认真钻研、分析物理教材，碰到疑问时虚心地向老教师请教；在学生们的眼里我是老师，在老师的群体里我是学生。我从分析教材到编写教案，从辅导学生到作业设计都向老教师学习，甚至有时下班后还追到老教师的家里，把自己设计的教案说给老教师听，请他们点评。我对每一个教学环节都会反复推敲，每一个教案都会多次修改。那真是一个快速积淀的过程。非常感谢那些老教师，他们为我在较短的时间里业务上独立，经验上日渐丰富提供了那么多无私的帮助，我终生都不会忘记。

在刚走上工作岗位的几年里，没有家务的羁绊，没有太多的牵挂，我充分利用了这些优势，业余时间刻苦学习。在这段时间里，除了理论上、业务上的学习，我还通过了汉语言文学专业专科和本科的自学考试，也为后来理论和业务水平的提高奠定了厚实的基础。

我发现几乎所有的优秀教师都有一个共同的嗜好——读书，他们充满智慧和灵气的课堂正是得益于他们广博的知识积累和深厚的文化底蕴。因此，我决定向他们学习，充盈知识。业余时间我读一些教育理论书籍，加深自身底蕴，提高自身学养；同时坚持看书、读报，看教育、教学相关的材料，关注那些与教育、教学相关的文章，好的文句做一些笔录，好的文章剪下来做成剪报收藏好，并且在有空的时候经常翻出来看看，从中获得激励和启迪。

不是物理专业出身的我，要想胜任物理教学，而且要成为这一学科领域里的带头人，是没有任何捷径可走的，唯有勤奋学习，刻苦钻研。工作之余，我自学完高中和专科的物理。为提高教学的生动性、趣味性，从2000年开始，我还自费订了《中学物理教学参考》《中学物理》《中学物理报》，广泛学习专家和同行的经验。学习本身就是一个奋斗过程，更是通往人生目标道路上的加油站。

二、课堂教学，勇于探索

在听示范课的时候，我们常常羡慕特级教师在课堂上的风采，感叹于他们臻于化境的教学艺术。但事实上，光彩照人的背后是汗水，是心血。名师之所以有今天的高度，是因为他们将自己的根须深深地扎在课堂的"大地"

初中
物理

名师行思录
CHUZHONG
WULI
MINGSHI
XINGSILU

004

上。课堂是老师劳作的"田地"，只有把根深深地扎在这块肥沃的土地上，结出的果子才会香甜。所有的特级教师无一不是从一线课堂的长期实践和探索中走出来的。

我是幸运的，一毕业就遇到了善于培养教师的校长和热心助人的同事。记得刚参加工作一个月时，学校的领导和老师们来听我的课，那节课真的是再平凡不过了，但是评课时，他们却给了我意想不到的高评价。他们表扬我能够俯下身子去教学生，板书写得漂亮有力，说："小马，你是个业务好手，好好练，能拿优质课奖。"记得1998年，经过角逐，我被巨峰镇选送参加日照市东港区优质课评选并获得一等奖。当时区教研室的李老师对我的课评价很高，他说："马老师很有灵气，她的课朴实但不乏创新，应变能力比较强，好好练会在业务上有所成就的。"

这些鼓励的话语，令我心潮澎湃，给了我无穷的力量和信心！

苏霍姆林斯基记载过这样一件事：一位历史教师教学30年，有次给大家上了一堂成功的公开课。有人问他准备这堂课花了多少时间，他不假思索地回答："这节课我准备了一辈子。而且总的来说，对每一节课，我都是用终生的时间来备课的。不过这节课的直接准备，或者说现实的准备，大约只用了一刻钟。"为了让自己的课堂吸引学生，成为名副其实的优质课堂。我要求自己不放过任何一次向经验丰富的教师求教的机会，花时间与备课组的老师讨论，力求在每一节课、每一篇教案、每一个环节中都有自己的思想。我要求自己在语言上要讲得标准、精练，板书设计要美观、实用。我每讲一次公开课都会把详案写出来，并录下音频反复听，对着镜子反复讲，反复锤炼，直到满意为止。我把整个初中物理分课型备详案，普通课按优质课的方式来上；并且我从来不用过去的教材、备课本，而是想在不受前置影响的情况下想出新点子让学生掌握知识。虽然物理知识点的内容没变，但是社会在变，学生可以理解的物理情景在变，所以老师的教学方式要变，学生的学习方式也要变，这就是所谓的课常备常新。记得2000年去东营参加山东省第六届初中物理优质课大赛之前，我在班里试讲了一遍，问学生讲得怎么样。学生说："没什么特别，和平常一样。"就是这节和平常一样的课让我捧回来了日照市第一个省级初中物理优质课一等奖。

东港区教研员指导我时，说："有影响力的课堂，必须有特色，必须以人为本。"在课堂教学中，我把促进每个学生的发展作为立足点，在概念课、实验课和复习课中实践"创设情境，自主探究"的教学思路。立足学情，创设能引起学生思考、学习、探究的情境，让学生在探究活动中，发现问题、解决问题，经历学习的过程，体验学习的快乐，享受成功的喜悦。1999年全市优质课比赛，我讲的是"浮力"一节。这节课中我首次采用"创设情境，自主探究"的教学思路，把演示实验改为分组实验，引导学生探究，收到非常好的效果，获得市优质课一等奖。在2000年全省物理优质课比赛中，我讲的是"牛顿第一定律"。在这节课中，我大胆创新，把"阻力对物体运动的影响"的演示实验改为分组实验，分组实验实现了由"无序操作"到"有序操作"的探究，使学生活动和思维训练落到实处，学生主体地位达到充分体现。2008年我参加在泰安举行的山东省第十届优质课评选，讲的"平面镜"一节，采用这种教学思路，再次获省优质课一等奖。

从2011年开始，岚山区推广应用"创设情境，自主探究"的教学思路。2012年，在全市的复习课教学研讨会上，我指导教师们用这种思路讲述了章节复习课、试卷讲评课和专题复习课，得到市领导和专家的认可。在2013年5月，日照市物理复习课研讨会上，我做了题为《在复习课中实施情景教学的几点做法》的经验介绍，把经验再次向全市教师分享。当月，我参加了日照市中考物理试题命制工作。同年12月，在济南召开的全省初中物理命题与评价会议上，我以《立足过程 关注情境 促进发展》为题，向全省介绍日照市2013年物理学业水平试题的特点，展示了"创设情境，自主探究"的思路在评价体系里的探索。

在2021年日照市学科素养提升研讨会上，我讲了复习示范课《压强》。我运用以实验为情境的线索，让学生在自主学习的过程中再现知识结构，重构知识框架，为"双减"背景的物理复习课的高效课堂教学方式提供了新的元素。

实验教学中，我尝试"挖掘实验资源，创新实验教学"的做法。因为农

初中
物理

名师行思录

CHUZHONG
WULI
MINGSHI
XINGSILU

006

村中学实验器材短缺，我只得自制教具，如自制"演示电流表的读数""平面镜成像"的实验器材和复合投影片等。2000年上省级精品课时自制的"伽利略斜面小车实验器材"、2008年在泰安讲课时自制"水淹蜡烛的魔箱"等教具让在场的师生称赞不已。在我的影响下，学生对学具的制作产生了浓厚的兴趣。我因势利导，指导学生自制"声音能传递能量""小小电动机""飞机模型""蜡烛跷跷板"等。在此基础上，我又引导他们创新改进，制作"科技创新作品"。2013年，在全市创新实验大赛上，有3名学生的实验获一等奖；2014年，有1名学生的实验获全省创新实验大赛一等奖；2018年，在全省科技创新大赛中我指导的6名学生获特等奖，10名学生获一等奖。关于实验教学的做法，2012年和2013年，我在岚山区和日照市做了典型发言，撰写的论文《挖掘初中物理资源的几点做法》发表在《中学物理》上；《挖掘初中物理实验资源的实践研究》省级课题也顺利结题。由于受到我长期的熏陶，每届学生都有让人震撼的科技创新设想，其创新能力也得以提高。

我的物理课堂具有多元化的风格，有时以实验探索，有时以问题为中心，有时研究性学习，有时像教语文一样教物理，有时"像在演讲"……学生对我的课感兴趣，充满好奇心。还有人幽默地称我的课堂风格为"马氏妙妙屋"。针对学生在学习或作业中出现的问题，我总是给予温馨的批语。如果发现学生有什么思想问题，我会用一些名人名言和哲理小故事来启发他们，教育他们，循循善诱。含蓄的文字教育比语言严厉的当面教育效果更好，所以，这么多年我形成了一个习惯，无论是读书，看报，还是看电视，身边总放一个小笔记本，把触动我心灵的话记下来，然后对号入座，送给可爱的学生们。以前总有其他学科老师和我说，学生最愿意先写我布置的作业，其实那是学生愿意看我给他们批阅的作业本。我批一个班的作业要用两到三个小时的时间，这不仅是批改作业，更是与他们进行心灵沟通和交流。

课堂应该是老师和学生幸福栖居的天堂。将根须深扎在课堂的沃土上，专业成长花朵才会开得艳丽多姿。

三、潜心科研，理论提升

教师专业素质的提高需要理论水平的提高，没有理论支撑的实践是盲目的实践，实践向理论的转化是教师成长的必经之路。苏霍姆林斯基说过："如果你想让教师的劳动能够给教师带来一些乐趣，使天天上课不至于变成一种单调乏味的义务，那你就应当引导每一位教师走上从事研究这条幸福的道路上来。"

回顾自己所走的28年的物理教学人生，一开始是为吸引学生，讲好优质课。但稍后的一段时间，我就在思考物理教学能为学生的发展发挥什么功用。新时代的教师不应该再是传统形象，要有所创新，也不仅是传道、授业的解惑者，要成为创造者。于是我决定也要成为一名专家型、研究型的教学艺术家，要向特级教师的方向发展。我阅读了大量的教育理论书籍：如佐藤学的《静悄悄的革命》、苏霍姆林斯基的《给教师的建议》、朱永新的《新教育》、卢梭的《爱弥儿》、埃迪蒙托·德·亚米契斯的《爱的教育》等。在这些书籍的指引下，我有时也能从心理学和哲学的角度去分析教育现象，研究课堂设计，撰写了整个初中物理所有课题的教案、说课稿，从理论的高度来深化物理教学。

记得杨振宁先生在回答关于成功秘诀时说，他的第一条经验就是面对"原始的问题"，要善于在"空白"中寻找"空间"。我也学着在日常教学工作中寻找"原始问题"。我发现在讲新课时有一种愉悦感，但是在上九年级总复习课时却感觉很难受，感觉没调动起学生的兴趣，没突破传统的物理复习方法。于是我大胆进行了九年级复习课设置的改革，卓有成效。学生喜欢这样的新形式，认为不枯燥，提高了对物理的兴趣和成绩。我申报了《初中物理复习课课堂教学有效性研究》的省级课题，获课题研究一等奖，还为我们学校捧回了"省科研先进单位"的奖牌。近年来我主持研究了5个省级课题、3个市级课题，参与了1个国家级课题和1个省级课题；在国家级、省级刊物上发表了4篇论文；参编教材、教辅44本；在省、市教育类网站上发表6篇随笔，在自己工作博客上发表600多篇原创作品，被评为日照市网络教研先进个人。此外我还撰写了300多篇20多万字的个人随笔，珍藏在自己的电脑里。

我始终以研究的心态工作着，努力把教学研究融入日常的课堂教学生活中。也许有人认为，优质课、公开课、示范课都是在"作秀"。确实它们有一些"作秀"的成分，但你在磨课的过程中，会钻研教材、教法，会与同科教师探讨研究课的设计，精益求精，在探讨的过程中大家都会有所发现，有所收获，这样通过讲授优质课、公开课对课堂教学也有很大的推动作用，教育科研的目的也达到了。

我积极参加教材教法方面的研究和实践。2005年我为新课程改革撰写的物理教案《重力》获得山东省首届物理教学案例一等奖。从2005年开始，我参加了《日照市物理中考说明》和《初中物理暑假生活指导》等材料的编写，这些都对我的专业发展起到了重要的作用，使我由一名镇级优秀教师成长为全国优秀教师、山东省特级教师。

四、学会反思，绚丽人生

叶澜教授指出："一个教师写一辈子教案也不可能成为名师，如果一个教师写三年教学反思，就有可能成为名师。"教师要学会在言语和行动中思考，在反思批判中成长。人生就是一场戏剧，每天都在现场直播！反思可以让我们把明天的直播做得更好，少一些遗憾，多一些美丽。

教育事业和其他行业不一样，我们面对的是活生生的人，人是变数最大的、最活跃的因素，过去成功的经验，在不同的教育对象面前不一定会成功。因此，我们必须要经常反思自己的教育教学行为，让自己的教学永远朝着更好的方向发展。

刚当老师时，我仅仅把教学当作一个工作流程、一项定量任务。这节课把内容讲完了，学生把知识点记住了就算是完成了自己的工作任务，很少去反思学生能把知识内化为自己的有多少，在认知、解决问题能力上是否有提高，是否能够学以致用。正由于忽略了这些问题，导致了这样的疑问："这样的问题，讲了不知多少遍，就是不会，到底是孩子笨，还是老师不会教？"反思让我学会自我观察、自我监测、自我评价。在课堂教学实践中要多反思一下，"学生对这一知识了解多少""学生能理解吗""这一知识点是否有新的表述"，等等。也使我认知到了"只有不会教的教师，没有学不会的学生"，不能把问题的责任简单地归咎于学生，而应多从自己身上找原因，如课堂教学技巧是否到位，是否把知识迁移成了学生的能力。带着问题去备课，针对学情去设计教案，带着反思去修改。是否做到了"四个凡是"：凡是学生自己能说出的，教师不引；凡是学生自己能做出的，教师不启；凡是学生自己能探究的，教师不导；凡是学生自己能学习的，教师不教。经过长时间研磨，现在在课堂上也能做到了精讲多练，在落实堂堂清方面有了较大突破。

要多反思，从教材解读与设计、教法与学法的选择、课堂细节的处理等层面去反思。我常常用这样几个问题去反思自己的教学：这节课，我投入激情了吗？对教材的解读，有更恰当的角度吗？这节课的教学目标合理可测吗？这节课中最难忘的一个细节是什么？这节课最大的遗憾是什么？如果重新来教这节课，哪个地方最值得改进？反思的深度决定着教学所能达到的高度。教前反思，要求教师在备课前认真分析教材、学生及学生以前生活、学习状况，通过教学前的分析，准备出符合班情、生情的个性化教案，这种反思具有前瞻性，能使教学成为一种自觉的实践，并有效地提高教师的教学预测和分析能力。教中反思，即及时、自动地在行动过程中反思，根据课堂上随时出现的问题即时反思，抓住契机，调整自己的教学策略。这种反思具有监控性，能使教学高质、高效地进行，并有助于提高教师的教学调控和应变能力。教后反思，这种反思具有批判性，能使教学经验理论化，并有助于提高教师的教学总结能力和评价能力；阅读反思，通过阅读教育教学专著不断地汲取先进的教育教学理念来提高自己的专业素养。通过反思、反刍，教学在不断地改进，精益求精。

活跃在教坛上的大师们，其实也是反思的高手，同一堂课他们能够常上常新，得益于他们的高超的反思能力。大师们对课的精益求精也激励着我去做个勤于反思，善于反思的人。我在东营讲的《牛顿第一定律》的课题引入，开始的时候是准备播放过山车的视频，后来改成播放踢足球的，最后又定为请3位同学上台做打排球的运动，这样通过发生在学生面前的真实运动情境，激发了学生兴趣，很自然地由"力使物体由运动到静止，由静止到运动，改变运动方向"概括出"力能改变物体的运动状态"的结论，从而引入课题。在泰安二中讲"平面镜成像"一课时，单单课题引入就"变脸"了4次，最开始的时候是"拿出一面小镜子，看到镜中的自己"，后改成"美轮美奂的水中倒影的图片"，又改成"儿子照镜子搞笑视频"，最后改成"生活中的潜望镜"；但我始终对既成的方案不够满意，总想寻找更新更好的方法，所以我在听课之余，碰到认识的老师会说"我模拟讲节课您听，给我提些建议好吗"；我还常到认识的教研员那儿一块研课。最终自制的"水淹蜡烛的魔箱"，达到"以假乱真"的程度，新课开始时，引起学生的好奇，结束时的揭秘使他们发出惊奇的感叹声，评委们也都十分赞许。还有就是探究"平面镜成像特点的实验"，实验一开始用的是"完全相同的2根蜡烛"，为了让孩子更加深入地探究改成"4根蜡烛，其中2根完全相同的蜡烛，一个比较大的、一个比较小的"等，这些都是反思的轨迹，都是为了更好地培养学生的学习能力和探究能力。

"经验+反思=成长"，只有经过反思，使原始的经验不断地处于被审视、被修正、被强化的状态，这样经验才会得到提炼、得到升华，从而成为一种开放性的系统和理性的力量，唯其如此，经验才能成为促进教师专业成长的有力杠杆。只有教师自己才能改变自己，只有教师意识到自己的教学经验及其局限性并经过反思得以调整和重组，才能形成符合新课程理念要求的先进的教学观念和个人化教育哲学。

作为一名老师，除了反思教学，还要反思为人处世，反思一切可以反思的东西。同时，边反思、边记录，为研究自己的教育教学提供鲜活的案例。用键盘敲下自己的反思吧，我们的人生会因此更美丽。

五、团结协作，共同发展

我是幸运的，一开始教学就被学生戴上"好老师"的帽子。戴着这顶光荣的帽子一路走来，我始终没敢懈怠，始终觉得教书光荣神圣，始终以饱满的热情工作着。师范学校毕业的我荣获了很多的奖励和荣誉：2002年被破格晋升为中学一级物理教师，2006年又破格晋升为中学高级物理教师，2016年被评为正高级物理教师。

我常常想，自己在众人的关爱下幸运地成长了，该怎样回报呢？作为特级教师、学科带头人、教学能手、青年专家，我要起到示范和指导作用，让每位年轻教师都有更多的成长机会，从而让家长愿意把孩子放心地交给学校、交给每一位教师。

作为市、区两级兼职物理教研员，我在坚守"以学生为本"教学理念的同时，还坚持"以教师发展为本"构建校、区、市三级"教研网络"。通过实地教研和网络教研构建"教研共同体"，和其他老师一起探索"创设情景，自主探究"的课堂教学思路和"挖掘实验器材，创新实验教学"的做法。多年来我指导近20位物理老师获省市级优质课二等奖及以上奖项，其中4位老师在实验优质课评比中获一等奖；7位区教学能手、4名市级教学能手；我6次参加市教育局组织的"送教下乡"活动，记得市教育局师训处的一位老师说："谁说农村不能出名师，马老师不是来'送教进城'了吗？"我组织示范课、公开课、教师随堂课近50节；2013年到贵州支教，2014年到新疆麦盖提刀郎中学进行教研支教，展示我实践几十年的"创设情境，自主探究"的教学思路和创新实验的做法。从2014年起，我开展了"基于课堂观察的校本教研"活动，指导更多老师走上专业化的道路。现在每所学校的学科教研团队能针对教育教学实际确立观察点，根据学科特点制定相应的课堂观察量表，并进行实际观察，并对课堂进行专业的总结与指导；目前岚山区成功举办课堂观察研讨会23次，教师的评课水平有了很大提升。2016年3月，我在日照市中学物理研讨会上做了《课堂观察在路上》的经验交流并在全市推广，2021年1月这项研究经过市规划办检查验收顺利结题。2022年1月，日照市教育局成立了"马先艳名师工作室"，引领更多的物理教师奋力前行。

有这么多的老师信任我，使我有机会帮助他们提升课堂质量，提升自我，我感到很幸福，也让我有了前进的动力。

走在教师之路上，我是幸运的，除了遇到了一大批恩师，还遇到了许多关爱我的领导、同事、朋友。他们关切的目光一直追随着我，温暖的鼓励、热心的提携、无私的帮助令我难忘。这些可敬可爱的人托起了我的昨天，也让我今天的行走充满信心。人，能支配语言表达情感，是一种幸福；但无法用语言完全、彻底地表达自己是一种痛苦。化解这种痛苦的唯一办法，便是敦促自己继续不断行走，不断努力，用行动来践行自己的"诺言"。凯鲁雅克说："我还年轻，我渴望上路。"我也渴望在学术上继续"上路"。如今的我，摆脱了功利的羁绊，变得更加纯粹而专注，我会怀着一颗感恩的心，走一步，再走一步，为所有关心我、爱我的人……不问目的，只重过程，前行的路上会留下我这个执着的追梦者，幸福而美满的脚印。

名师简介：

马先艳，正高级教师，山东省特级教师。曾被评为全国优秀教师、山东省优秀教师、山东省特级教师、山东省优秀物理教师、山东省物理课程专家、日照市有突出贡献的中青年专家、日照名师、日照市物理学科带头人、日照市物理教学能手、日照市素质教育先进个人、师德标兵，获得山东省优质课评选一等奖、日照市岚山区科学技术进步奖等。

寄语：享受教育，做最好的自己。教师的职责就是用教师的智慧点燃学生的智慧火花，努力使学生得法于课内，得益于课外。作为教师，我们要先有技术，后有艺术，教育就是帮助孩子找到他自己，成为他自己，做最好的自己。而我们也在这个体验中，找到努力前行的方向，享受教育，做最好的自己！

心有信　能行远

——做有教育情怀的追梦人

枣庄市第四十一中学　李　艳

不甘平庸，勤于钻研，做教学研究的开拓者；不断探索，踏地前行，做教学工作的躬耕者；严慈相济、贴心呵护，做学生心灵的守护者；牢记初心、结伴同行，做百花竞放的催生者。怀揣着这样的理想与信念，我不停向前。

郑杰校长把人生的幸福分为"三层楼"，第一层楼是物质生活，第二层楼是艺术生活、精神享受，第三层楼则是独立思想。他鼓励更多的教师努力登上人生幸福的"三层楼"，把教书育人作为对生命的体验。作为教师的我，常常思考把什么作为我人生幸福的"三层楼"。

天道酬勤，机遇从来都是垂青于有准备的人。我深信这句话，也时常用这句话提醒自己，时刻为到来的机遇做最充分的准备。自己付出的每一滴汗水都是勤奋的结晶，也只有这样，自己才会在工作中踏踏实实，才能无愧于"教师"这个称号。任教27年以来，我对教育事业忠诚、对工作认真负责、对同事真诚、对学生关爱，取得了较好的成绩，受到了领导的赏识、同事的信任、学生的爱戴、家长的信赖，这些对我来说也是一笔无法用金钱衡量的宝贵财富。"落红不是无情物，化作春泥更护花"，以一颗对教育无限热爱和对学生全面博爱之心，圆了自己心中一个又一个的教育梦想——先后被评为全国优秀教师、山东省特级教师、齐鲁名师、山东省教学能手、山东省三八红旗手、枣庄市劳动模范、枣庄市有突出贡献的中青年专家、枣庄市优秀共产党员等，获得山东省优质课一等奖、省级课题成果一等奖，多次主持省级课题，多篇论文在国家级、省级报刊公开发表。"爱教育，爱学生，倾尽自己的所有去爱。"这是我的教育梦想，也是我的教育誓言，为了自己的梦想和誓言，我无怨无悔。

一、不甘平庸，勤于钻研，做教学研究的开拓者

"做学者型、研究型的教师，这是优秀教师永葆活力的妙方。"善学才能善研，善研才能善教，我潜心问道，心无旁骛，执着于初中物理教法与学法的探索与创新，重视教育教学科研，立志做学者型教师。我先后参与了9项国家和省市级课题研究工作，主持的省级研究课题《校本课程"生活·社会·科技与物理"的开发》《物理教师教学行动研究——利用反思教学促进教师的专业发展》《探究学习与综合能力培养的研究》顺利结题，并获省级成果奖；参编教学著作、教学教师用书、学习指导丛书10余部；撰写的论文《以核心素养为导向的初中物理教学探讨》和《以核心素养为导向的初中物理教学策略》发表于中文核心期刊《中学物理教学参考》上；撰写的论文《物理实验教学策略研究》《初中物理学困生的成因及其对策研究》发表于《中学物理》上；还有多篇文章在《数理天地》《物理教学探讨》《中小学教育》《现代教育导报》《素质教育报》《学习报》上发表；撰写的论文《物理分层教学的研究——"分层教学，分类指导，分类推进"》获山东省中小学教育科研优秀成果二等奖。我代表枣庄市在山东省初中物理课改交流会上做了题为《"三段式"有效课堂物理教学模式探索的体会和做法》的发言；多次举行《小组合作学习》经验交流会，先后编辑刊印了《视角》《借助LICC深化"三学一练"课堂教学改革》《走向专业的听评课》等校本教材。这一系列的研究成果，不仅使我的教育思想不断丰满，更使自己的教育底气不断强大，把自己的教育思想凝聚成一个又一个字符，写成了一行又一行的文

字。把自己的这些研究成果分享给更多的教育同仁，越来越多的教育同路人和我一起潜心钻研，突破自我，不甘心做平庸的教书匠，而是争做一个有思想的学者型教师。"十年辛苦不寻常，个中甘苦无人知"，我用实际行动探索出了一条新一代学者型教师的成长之路。

二、不断探索，踏地前行，做教学工作的躬耕者

为完成自己作为一名教师的光荣使命，把学生培养成才，我始终在努力地尝试、探索，不断地充实、完善自己。工作中，我以"一切为了学生，为了一切的学生，为了学生的一切"为中心，以"爱"——对事业的爱、对学生的爱为主旋律，用心谱写自己的教育篇章，使自己的教育教学工作日臻成熟、完善。我知道自己的生活离不开物理教学。在生活中，看到的万事万物似乎都可以和教学产生关联，我努力用心捕捉着每一个生活和课堂汇集的交点，功夫在平时，已成了肌肉记忆。

日常教学中，我聆听教育专家精彩、前沿而富有内涵的报告，向专家学习先进的教育教学理念、富有实效的教育教学方法。在专家教师及优秀教师理念引领的基础上，结合自身的教学实际，逐步融入新的教育元素，使自己不仅在教学风格、讲课艺术、师生关系、现代教学技术运用等方面颇有特色，并且从实践上升到理论，再用理论来指导自己的教学工作实践，积极探索教育教学规律，努力提高自己的教学实效，根据自己的教学特点和个人情况，形成自己的"行思"物理教学方法。初中物理是一门需要动手探究发现规律的学科，学生探究欲望强烈，"行"意味着"动手、动口"，"思"就是"思考、规划"等。"行思教学"就是要让学生养成先思考筹划再动手动口行动的习惯，秉承"行成于思"的理念基础；同时"行思教学"还秉承着"且行且思""行后反思"的理念，就是在实验探究的过程当中，发现问题，边探究边思考，从而解决问题，进而形成了"重生成，重结构，重效率，重思维发展，重习惯养成"的教学风格。在同事的眼里，我是没有节假日的。无论是周末还是寒暑假，有需要的话我就待在办公室，不断充实教学思想，完善课堂教学。

用一辈子备课，收获的是惊喜。我的教学成绩连年遥遥领先，师德考核年年评为优秀，教学实绩考核连年被评为A级，年度考核多次被评为优秀；获得全国第四届微课大赛一等奖；三十多篇教案、教学设计被评为枣庄市优秀教案；多次举行省、市、区级公开课、观摩课；所辅导的学生多次获得全国物理知识竞赛和创新大赛一等奖，出版专著《行思教学在路上》。

三、严慈相济、贴心呵护，做学生心灵的守护者

作为教师，要让学生感受到和父母一样的爱，这是我一贯的作风，因为"亲其师，而信其道""爱是信任的基础和前提"。自工作以来，我时常陪学生一起学习、一起娱乐、一起解决问题。同时，观察学生的一些细微变化，全面地了解学生。也许是我真正地走进了学生的心里，好比钥匙伸进了锁里，学生很乐意向我敞开心扉，与我谈生活学习。在我的工作中，关心学生就像关心自己的生命一样，既关心他们的生活，又关心他们的健康、学习，更关心他们怎样做人。我还善于挖掘学生身上的闪光点。人人都喜欢表扬，需要表扬，优生需要，差生更需要。在赏识学生的同时，我也会严格要求他们，绝不姑息他们身上出现的不良习气。我坚信：严慈相济，才是教育的真谛，才能达到教育的最终目的。

在学生中间我扮演着三种角色：一是慈母，处处关心他们，培养他们各种良好的学习习惯和生活习惯。二是导师，处处引导他们如何为人、处事，引导他们追求上进，掌握好学习的方法。三是朋友，用诚心去交换真心，让学生愿意向我敞开心扉，乐意与我交流。作为班主任，我关注每个学生的欢乐与悲伤。在班级管理上，把医"心"、育"心"融入教学中，采用"心育—德育—智育"三角形稳定模式，三驾马车相辅相成，齐头并进。

有一年，班级里有一个叫小磊（化名）的学生，学习成绩不理想，自律性也不强，是老师们眼中所谓的"差生"。刚开始接触小磊时，我并没有戴着"有色"眼镜来看他，而是通过几次家访，了解到小磊的家庭条件很差，母亲是个临时工，父亲因身体不好下岗，还有一个弟弟，全家都靠他母亲一个人支撑。我决定要用爱来改变这个不让人省心的"调皮鬼"：给他批改作

业时多写几句暖心的话语，特意借小磊帮助处理班级事务而请他美美地吃一顿大餐，将买好的资料悄悄地放到他的书桌抽屉里，和他深入交流，鼓励他好好学习，给予他足够的尊重和支持、鼓励。爱的唤醒是能够创造奇迹的，后来，这名曾经让老师们头疼的"调皮鬼"成为一名优秀的班干部。在毕业的时候他出乎意料地考上了理想的高中。

每一个孩子都是一块未经雕琢的璞玉，也许我们的爱就是那神奇的刻刀，能将他们镌刻成一块价值连城的艺术品。在我看来教育就是爱的艺术，没有爱就没有真正的教育，而那些所谓的"差生"，比其他学生更需要爱的雨露和阳光滋养。一个好的老师心中永远不能有"坏学生"这个概念。只有从内心爱学生，以诚待学生，关心学生，理解学生，体谅并帮助学生解决生活和学习中的难处，才能真正激发学生的求知欲，调动学生的学习兴趣。

有一年，一个女生因受社会青年纠缠，又与家长争吵，赌气出走。家长生气地回家，宣称不要这个女儿。我没有放弃，找了一整夜，终于在一个学生家里找到孩子。我通过女生同学的哥哥找到社会青年，要求他不要再来纠缠，否则报警；又找这位女生谈话，谈社会、谈人生，最终女孩子泣不成声，决定和父母好好沟通，好好学习。几年后，该生以优异的成绩考上大学。

有了对学生的爱，我本身也有了更多的教育管理灵感。让学生在自主式管理中成为班级主人，良好的道德品质就在不知不觉中形成了，他们自然而然地成为学会担当、有获取幸福能力的人。有爱的教育才更有战斗力，我担任班主任的班级多次被评为市级、区级优秀班集体，我也被评为第六届全国优秀班主任，枣庄市优秀班主任，市中区"十佳班主任"，还被聘为枣庄市班主任工作室导师。

四、牢记初心、结伴同行，做百花竞放催生者

"一花独放不是春，万紫千红春满园"，在教育教学方面取得的成绩，让我收获了荣誉，也收获了太多的喜悦，但无论走多远，我都不会忘记自己为什么出发。"我是谁？我从哪来？我到哪去？"一直以来都是哲学的三个终极问题，在这里，就工作方面，我也想问自己"要到哪去"？记得电影《阿甘

正传》里的主人翁阿甘应征入伍时，教官问了他一个问题："福瑞斯特·甘，告诉我你来这里干什么？"阿甘回答："干你叫我干的事。"于是教官说："这是我听到的最厉害的回答，你的智商一定超过160……"结果智商只有75的阿甘觉得自己很适合当兵，因为当兵是件很简单的事，只需要做长官叫做的事，无论遇到任何问题，只需要回答"yes，sir"……影片里的阿甘最终闯出了一片属于自己的天空。如果有一天，我的领导也问我这样一个问题，我应该不会像阿甘一样回答，因为我始终觉得：人不能只做别人让做的事，还要做自己喜欢做的事。刚入职的时候，我一直在做着领导让我做的事。随着时间的推移，我开始思考：除了这些以外，我想做些什么，我要到哪去。这些年来，我不忘初心，彰显示范，将自己的经验、教训、经历毫无保留地传授给身边的青年教师，促进青年教师专业发展。创新名师工作室建设，以科研促教研；以"继承、创新、超越"为目标，带领物理组全体老师锐意进取、开拓创新，出色地完成了各项教学教研工作，使我们物理组在社会、家长和全校师生中有着极高的美誉度。在山东省初中教师远程研修中我担任省级专家，利用网络上传资源、文章、心得，耐心观看老师们的讨论发言，及时回复，发表评论，主动引领网络互动，实现资源共享，在相互学习中，提升了自己，带动了他人，有效推进研修质量不断提高。

我关心乡镇青年教师的专业成长，多次"送课下乡"，给乡镇老师进行示范和指导，应邀到相邻的多所学校做专题报告，连续多年在全区范围内举行专题讲座，为全区市老师做专业发展报告，并多次为青年教师的成长进行规划和指导，赢得了全区市同仁的赞誉。2021年，在山东省教育科学研究院组织的初中物理新课程课堂教学成果展示公开课上，十多位我指导的青年教师获得省市优质课一等奖。我先后担任山东省暑期远程研修市级指导教师、省级课程专家、省级工作坊主持人。

2018年，我在"山东省教师教育网"成立"齐鲁名师工作室"，学校有以我的名字命名的"李艳名师工作室"。在"李艳名师工作室"里，大家感受到温馨而又严肃的环境，为工作室的成员和走进工作室学习的每一个人都指明了一条教育的路：为教育要孜孜以求，做教育要脚踏实地。当然，我还带领着工作室的成员们享受着用心做教育的温暖和幸福。

泰戈尔说："花的事业是甜蜜的，果的事业是珍贵的，让我干叶的事业吧，因为它总是谦逊地低垂着它的绿荫。"以爱的名义，我也要给他们满含爱的教育。我的事业，就是给孩子们爱，用更多的爱回报他们，无怨无悔。有位前辈说，自己更愿意做一个有教育情怀的追梦人。我知道教书育人，庄严神圣，进取创新，永无止境。我愿意把毕生的心血和智慧都奉献给钟爱的教育事业，带领我的学生在追求智慧的湛蓝天空里诗意地飞翔。

名师简介：

李艳，正高级教师，山东省特级教师。曾获全国优秀教师、齐鲁名师、山东省教学能手、山东省五一劳动奖章、山东省三八红旗手等荣誉称号；多篇论文发表于《中学物理教学参考》等期刊，出版个人专著《行思教学在路上》。

寄语： 教育就是一个灵魂唤醒另一个灵魂，就是用我们教师的灵魂来唤醒孩子们高贵、纯洁、善良的灵魂，这是我们教师的责任，也是我们教师的价值所在。

愿作春泥更护花

邹平市教学研究室　杜　静

"也许我们无法做伟大的事，但我们可以怀着伟大的爱去做小事。当我们怀着伟大的爱与高贵的精神，就算是做着小事，也能绽放出耀眼的光芒！"这句名言影响了我的一生，既是我工作的动力，也是我的理想信念。教师是一份很普通很平凡的工作，但也是一个充满爱的事业，在这个普通而平凡的岗位上，我愿把我的爱和精力奉献给这个神圣事业，奉献给每一个孩子！

工作中，我积极探索物理教学的规律和教书育人的真谛，体验着勇攀高峰的艰辛与快乐。在帮助学生和教师健康成长的过程中实现着人生的价值：先后被评选为滨州市初中物理学科带头人、滨州市教学工作先进个人、滨州市教育科研工作先进个人、滨州市有突出贡献的专业技术人员、滨州名师、山东省教学能手、山东省特级教师、全国首届优秀物理教研员。

一、学习是成长的基础

物理是有趣的，但又是难学的，绝大多数学生对物理学科发怵。学生对物理学科的学习情况既取决于自己的悟性，也与教师的教学有重要的关系。刚毕业时在职业学校任教高中物理，我几乎天天听老教师讲课，然后结合自己的理解再去教学，所教班级的学生成绩竟然还超过老教师所教学生的成绩。教到第四年，学校新上电子技术专业，专业课的教师不够，当时我刚好函授本科毕业，于是学校领导安排我上电工学课程。我连忙找出在师专时的教材，一边深入研究，一边教学，许多当年没有学透的内容竟然都理解了。现在回想起来，当时高中和大学所学的内容，为今后的初中物理教学打下了扎实的基础。尽管初中内容相对简单，但能深入浅出地把概念和规律背后隐含的内涵和外延表达清楚，实属不易。尤其是教学多年，许多老师对学科概念和规律的理解仍停留在所教的学段，理解不深，这直接影响了学生对学科知识的学习。因此，高层次的专业学习是非常有意义的，有必要把高中和大学的专业课程经常拿出来翻翻看看，温故而知新。

做好一名老师，除了深厚的专业知识外，还有必要学习一些先进的教育理论，如苏霍姆林斯基的《给教师的建议》，卢梭的《爱弥儿》，埃迪蒙托·德·亚米契斯的《爱的教育》等教育专著都给我启发。为了中华民族的复兴，为了每位学生的发展，《〈基础教育课程改革纲要（试行）解读〉》成了我教育教学的指挥棒。

在做教研员期间，我还负责组织邹平市的教科研具体事务。某日，领导安排我三个月后给全县各校的教科研干部进行一次教育科研理论培训。这下，我可有点为难了，为此购买了教育科研方面的书籍进行学习。看着像砖块那么厚重的《教育科研手册》，这可怎么学？我硬着头皮从头开始看，从教育科研理论知识、教育科研方法技术到教育科研成果与评价等，竟然慢慢看上瘾了。熟悉了这些内容后，除了对老师们进行科研理论培训外，我还制定了《邹平市教育科研课题管理办法》，制定了课题立项和成果结题鉴定的标准。自己主持了省级课题，还不时指导老师做课题。

在学习过程中，我不怕苦不怕难，勇于挑战自己，学习能力不断提升，教学能力也大幅度提升。

二、经验是成长的阶梯

1995年，我调到邹平市实验中学任教初中物理。当时实验中学优秀教师非常多，各科都有省市级的学科带头人和教学能手。我虽然有几年的教学实践，但刚接手初中教学，面对周围教学能力强、教学经验丰富的优秀教师，难免心中着急，唯恐误人子弟，影响学生的成绩。于是我虚心请教同年级的教师，每节课前至少要听一节老教师的课才可放心去上课。教材和教师教学用书，我反复看好几遍，细心研究教材教法，认真分析学情，每节课都至少设计3遍以上的教案。白天的时间不够用，自己就晚上加班。每年全国各省市的中考题，我至少要做20套，教学经验日渐丰富，所教学生的物理成绩也一直位全校第一、列全县前茅；辅导多名学生在全国物理竞赛中获奖，连年被评为学生最喜爱的教师之一。

在教学中，为了学生的发展，为了打造优质高效课堂，我潜心教学改革。我主动把目标教学法、和谐教学法等各种先进的教育教学理论和方法运用到教学实践中，并多次在省市县执教公开课。

在准备公开课时，我参考多种资料，请教本学科的老师，并根据老师的建议修改教案；在班内试讲，根据学生表现再调整。有时我会讲给几个语文老师或其他学科的老师听，问他们有没有听不懂的地方。通过以上几种方法不断打磨教案。这样反反复复，一个教案能改到10遍以上，不断精益求精，摸索出一条适合自己的教学之路。就这样，逐渐形成了"自主、合作、探究、创新"的课堂教学模式，体现了严谨与创新并重的特点。在这样的教学模式下，我反复实践，在教学过程中取得了良好的效果。

我讲授的《声音的发生和传播》获滨州市优质课评选第一名；《牛顿第一定律》获省优质课二等奖；在滨州市教育局组织的巡回示范教学活动中执教了示范课《液体的压强》；执教省市公开课《什么是力》《内能》《生活中的透镜》《测电阻》《压强》《光的反射》；录像课《电流与电压、电阻的关系》作为教学示范课收录于人民教育出版社《初中物理教师教学用书》随教材发行；2012年执教的《杠杆》在全国第三届名师赛中获一等奖。课堂教学得到了广大物理教师的一致好评。

日常教学和各种活动中积累的点滴经验让我的教学技能日渐娴熟，教学水平迅速提高。感恩那些给予我帮助的老师，是你们的无私奉献才让我成长得这么快!

三、反思和总结是成长的推力

教研员是教师的业务带头人,是学科教师工作的模范,是课程改革的领路人。因此,教研员必须内练硬功、厚德博学,才能不断提升自身的修养。我丝毫不敢懈怠,潜心钻研业务,及时学习新的教育政策和理论,以崭新的教育教学理念和丰厚的专业知识,不断反思和总结,沉下心来,踏实做事,认真琢磨教学之法,随时改进。在这样日复一日的坚持和改进中,我走在一线教师的前列。

在悉心钻研《初中物理课程标准》和新教材的基础上,我积累了许多教学经验和心得。怕有所遗忘,我把这些反思及时记录下来,得空就整理和总结这些内容。我有一个习惯,床头总是放一个本子和一支笔,以备突然之用,如睡前还没思考好的内容或几天来一直在考虑的问题,有时半夜就会突发灵感。但灵感只在一瞬间,所以我一般会马上起来,在迷迷糊糊的状态下记录下这个信息。第二天我再加工整理,变成一篇篇的文章。《试题的简评与分析》《初中物理教材整合的原则与策略研究》《创造技法在"杠杆"教学设计中的应用》《移植创造技法,巧编物理试题》等30余篇文章在《物理教师》《物理教学》《中学物理》等专业期刊上发表。

在对全县物理教师课堂教学广泛调研的基础上,我进行了多次新课程理论教师培训,如"新课程下教师如何备课""课堂上如何让学生自主学习""如何进行科学探究"等。我还多次被邀请在全市的物理教学研讨会上做专题发言,如"从有效教学到有效教研""基于课程标准的教学设计""落实课程目标,关注学生生命成长""依托课题研究,实现教师二次成长""做好科学命题,提高教学质量""做智慧教师,享幸福人生"等。在教学专业方面指导教师成长的同时,对他们进行心理疏导,减轻他们的工作压力,提升了全市的初中物理教学水平。2017年10月,在山东省初中物理学科德育优秀课例展评活动中,我做了《实施德育课程一体化,落实学科核心素养》专题发言。

这些反思和总结提升了我的教研能力，让我在教学的路上不断充实、完善、提升，细雨微风般润泽我的人生，丰富着我的人生。让我的人生更加从容，更加丰盈。

四、课题研究是实现二次成长的捷径

教育家苏霍姆林斯基说："如果你想让老师的劳动能够给教师带来乐趣，使天天上课不至于变成一种单调无味的义务，那你就应当引导每位教师走上从事研究这条幸福的道路上来。"

2003年以来，恰逢新课程的改革时期。我在教研室工作的这些年，从教师最基本最关键的教学入手，带领教师从教学方式、中考命题、教材整合、教师备课等方面开展了系列化的课题研究，取得了诸多研究成果，也提升了我的课程指导力。下面是我主持的五项省级以上研究课题。

（一）"自主、合作、探究、创新"初中物理课堂教学模式研究——中国教育学会物理教学专业委员会资助课题（2003.8—2006.10）

2002年，我参加了省里组织的教学研讨会，听取了张宪魁教授的报告，并在他的建议下开始学做课题研究。当时，我教5个毕业班，工作任务重，经常讲完3个班的课，嗓音就变得沙哑。而且，传统的以教师为中心的讲解式教学在实际教学中也存在一些问题。于是，我转变教学方式，从"教师讲"转变为"学生学"这个思路考虑，从以教师为中心转成以学生为中心，从最基本的课堂教学模式入手，提出了"'自主、合作、探究、创新'初中物理课堂教学模式研究"课题，这也是我做的第一个课题，2003年8月被确立为中国教育学会物理教学专业委员会资助课题。我把这个课题带回县里，由几个学校共同来承担。在张教授的指导下，课题研究顺利完成。

这项课题构建了"自主、合作、探究、创新"的课堂教学模式：（1）创设情景，明确目标；（2）自主、合作、探究、尝试；（3）交流反馈，拓展延伸；（4）小组评价，激励成功。

此模式只提供了一个基本思路，在实际教学中可以根据不同的教学内容灵活变通。

如，不同课型教学模式：

探究型新授课教学模式——创设情景，明确目标→自主尝试、合作探究→交流反馈，拓展延伸→小组评价、激励成功。

自学讨论课的教学模式——创设情景，明确目标→自主学习，小组合作→交流释疑，拓展延伸→小组评价、激励成功。

复习课课堂教学模式——尝试回忆，明确疏漏→自主阅读，建构体系→交流点拨，把握重点→经典例析，突破难点→小组评价，激励成功。

讲评课课堂教学模式——自我评价，自主改错→小组讨论，释难答疑→多边交流，解答共性→巩固拓展，自我反思。

这项研究促进了课堂教学由"教师教"向"学生学"教学观的转变。2014年7月，这项成果获山东省教学成果奖三等奖。

（二）中考物理试题命题研究——山东省教学研究课题（2008.3—2010.6）

在听课调研的过程中，我发现有的老师命制的单元测试题不规范、不科学、不符合课程标准要求，当时我连续5年承担了全市的中考物理试题命题任务。在这种情况下，我从中考试题命题的角度开始了关于命题的研究，以期通过这样的研究来以理论指导实践，指导老师平时的期末、单元试题等命题策略，从而能更合理地命制符合学情和教学规律的试题，更贴合学生的学习情况。

这项课题分别从命题原则、命题内容、命题的技术要求等方面进行了研究。

1.命题的基本原则研究。

主要以导向性原则、科学性原则、全面性原则、适应性原则等原则进行研究。

2.命题内容研究。

通过分析2007年、2008年、2009年全国部分省市中考试题的内容，从试卷结构、题型分析、课标内容在试题中的体现、课标理念的体现、科学方法在试题中的考察研究等方面进行了分析，为科学命制试题提供了一定的材料

初中
物理

名师行思录

CHUZHONG
WULI
MINGSHI
XINGSILU

026

依据。

3. 命题的技术性研究。

（1）根据命题要求，制定出命题计划。

（2）掌握科学编制中考物理试题的方法是提高物理试题有效性的基础。

（3）注意摒弃试题编制过程中影响试题评价效果的因素。

（4）根据合理的试题评价指标做出成卷分析，确保命题质量。

对照《中考物理试卷评价指标研究》（胡炳元、黄海燕）进行成卷分析。

2012年2月，这项研究成果获省级教学成果奖三等奖。

（三）初中物理教材整合与教法创新研究——山东省教学研究课题（2010.5—2012.5）

这项课题是针对课程改革初期，人教版新教材在使用过程中存在的诸多问题，如部分内容前后衔接不好，知识的逻辑性不强，教材容量偏多等问题，教师在教学过程中难以驾驭新教材这个基础上来研究的。

该课题探讨了初中物理教材整合的原则和策略，探讨了初中物理教材整合与教法创新研究的课堂教学模式形成了教材整合的初步方案。

1. 初中物理教材整合的原则和策略。

原则：以课标要求为依据、知识系统性、促进学生发展为本、可操作性。

策略：①准确把握课标要求，明确新教材编写意图及使用方法。

②充分把握学生的学情。

③教师要有较强的统领全局的意识，不断提高驾驭教材的能力。

④根据整合的原则编制整合后的教材体系目录，在教学实践中创新教法。

2. 教材整合的初步方案。

由原来的大约需要86课时整合为73课时。

3. 初中物理教材整合与教法创新研究的课堂教学模式。

情景导入，明确任务—自主探究，合作交流—疑难解析，评价激励—梳理整合，迁移提高。

这项课题的主要研究成果《初中物理教材整合的原则和策略研究》发表

在《物理教学探讨》2011年第12期，2012年在山东省教师远程研修中做了经验交流。通过实验，教师的教材观、教学观和课程观都有了明显的转变，并且提升了实验教师整合教材的能力，这是这项课题研究最大的成功。

2012年12月，这项研究成果获山东省教育科研优秀成果二等奖。

（四）创造技法在高效物理课堂教学设计中的实践应用——山东省规划课题（2011.11—2014.2）

这一课题是在指导教师课堂教学比赛过程中提出的，如何在众多的参赛教师中脱颖而出，需要一定的技巧和方法。此课题就是针对这一具体问题来进行认真、专业的探讨，从理论到方法到实践，不仅有理论高度，又有切实的方法论落实。同时，这一课题在培养学生创造思维、创新能力方面也取得了显著的教学效果。以下是研究的主要内容。

1. 确定了在教学设计中常用的12种创造技法。

从300多种创造技法中确定了在教学设计中常用的12种创造技法：① 头脑风暴法；② 组合法；③ 列举法；④ 联想法；⑤ 类比法；⑥ 转换法；⑦ 逆向思维法；⑧ 移植法；⑨ 扩展用途法；⑩ 核检表法；⑪ 设问法；⑫ 对比法。

2. 编制了不同创造技法在教学设计中的具体应用案例，在物理学科杂志发表相关论文10篇。

3. 总结出创造技法在高效物理课堂教学设计中的应用策略。

（1）相信人人都有创造性。

（2）基于课程标准的教学理念为创造技法在高效物理课堂教学设计中的应用提供了有利条件。

（3）熟练掌握一定的创造技法为教师进行创新教学设计打下了基础。

（4）根据学生的年龄特征和学习基础灵活运用创造技法。

（5）根据教师的教学风格或不同教学内容灵活运用创造技法。

2016年10月，这项成果获山东省教育科学优秀成果三等奖。

（五）基于核心概念的学习进阶实践研究——山东省教学研究重点课题（2018.8—2021.12）

课题组围绕研究目标，历经3年辛苦研究，厘清和构建了以力热光电为

初中
物理

名师行思录
CHUZHONG
WULI
MINGSHI
XINGSILU

028

模块的初中物理知识体系，并结合课程标准的要求梳理了初中物理课程的核心概念；然后遵循学生的认知规律和知识结构特点，探究了基于核心概念的学习进阶策略和案例模板，并编写了基于核心概念的学习进阶教学案例。目前已有6篇相关文章在学科杂志上发表，其中5篇发表在全国中文核心期刊《中学物理教学参考》上。这些知识体系的建立、核心概念的确立、学习进阶策略和模板的形成以及围绕核心概念进行的学习进阶案例，能够更加突出物理学科的重点内容和关键，合理地帮助学生搭建物理知识学习的思维脉络，有助于提升学生的物理学科核心素养，提高师生对初中物理课程的整体把握能力，打造高效课堂，有助于改善当前我国基础教育阶段初中物理教学过程中课时少内容多的状况，进一步提高初中物理教育教学质量。2021年12月，这一课题顺利结题。

关于教师的专业成长，有的学者提出"教师二次成长论"，我觉得很有道理，该理论认为教师的成长既不是一步到位也不是线性发展的，可用这样一条曲线来形象地反映（如图）。这条曲线的前半部分就是我们老师的第一次发展，经过一定时间，很自然就会进入一种停滞不前的时期，这是一种客观存在，也就是高原期，只有突破高原期的老师才能迎来第二次发展，当然这个过程很可能会有一些波折。这两次专业成长有很大的不同，第一次主要靠经验的积累，第二次要用理论来反思自己的经验，显然提高了一个层次，也更深刻。第一次成长主要表现在教学行为上，外显的比较多；第二次更重要的表现为思维方式的变化，内在品性的变化是比较深刻的。

教师二次成长论：发展曲线图

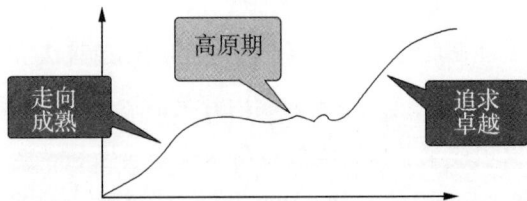

根据这一理论，当教师的教学经验积累到一定程度时就进入了高原期。我也有同感：处于那一时期，无论怎样进取，进步的幅度都很小，只是在一

个平台上徘徊，自己的成长进入了瓶颈期。就像爬山，从山下经过盘山路爬上来，一路拾遗，到达山的中部，手中眼中已收获满满。再往上，没有大路了，需要自己另辟蹊径，才能到达更高的山峰。如果到达山顶，四处眺望，会一览众山小。但这一览众山小也确实需要付出更多的心力，去找蹊径，奋力攀登。课题研究就是这个蹊径，需要自己去开拓，去付出，去实践。教研员的日常工作比较繁忙，课题研究工作也只能在下班后完成。我常常下班后在办公室忙到晚上八九点，门卫都打趣说："你不当领导，怎么总加班呢？"我也只是笑笑。由于长期的伏案工作，我的腰背颈椎都不舒服，终于在某一天，两只胳膊都抬不起来了。我知道，这是身体强迫我休息了。靠着这样的坚忍和努力，我成功完成了课题，并从中收获了诸多教学心得。通过课题研究，我能够站在课程的高度思考教学，能够站在统编教材的高度思考教学。自己的思维方式发生了巨大的变化和飞跃，这样的思考才更加深刻，更加有意义和价值。通过研究积累的课程改革经验和教育教学经验，提升了我的教学研究能力和教学站位，逐渐由经验型的教师成长为研究型的教师。

五、爱是成长的力量

教育家夸美纽斯说："教师是太阳底下最光辉的职业。"每天面对着阳光灿烂的孩子，感觉这是最幸福的事了。"教师是人类灵魂的工程师"，怎样把孩子们塑造成积极向上、纯美善良的人，需要我们用爱来陪伴和付出。"师者，所以传道受业解惑也。"教师不单是知识传授者，更是传道者，是有更多的责任在身。

"亲其师，信其道"，教师作为被学生模仿的对象，应在点点滴滴中率先垂范。师德，不是简单的说教，而是教师发自内心的知识内涵和文化品位的体现。这包含了深厚的文化底蕴。《弟子规》《道德经》等传统文化典籍给了我太多的指导和感触。

一个学生曾跟我说起她以前的事。当年，她的家庭条件不好，往往周末回家时把衣服洗完晾干后再接着穿。有个周末，她没有回家，我看到她衣服脏了，因为她个子高，就回家把先生的衣服拿给她穿，把她的衣服洗干净了再给她。20多年过去了，这件微不足道的事她还一直记得，而我早就忘了。后来她成了一名老师。我们给学生的一点点关爱、一件小事，甚至一句话，都可能影响孩子的一生。因此，教师必须要更谨慎，端正自身，以切身行为来影响学生。

在一个人的成长过程中，遇到一位好老师不容易，我希望我们能成为帮助孩子正面成长的那个人。希望孩子们成人之后，依然希望我们做他的老师！

2000年，年轻的张宵瑞老师参加市里的优质课评选。我连续听了3次她的课，指出课中的问题和建议。但由于她高度紧张，理不清思路。我结合她的特点，用了一上午的时间，把课的框架和结构手写出来。办公室的同事开玩笑地说："你不能这样当婆婆！""把别人的事当自己的事做，你不累吗？"后来她在滨州市优质课评选中获第一名。

成为一名教研员后，我不能直接给学生授课，但希望通过对教师的指导与帮助，让更多的老师把爱心传递下去，时时呵护孩子心里那一处善良。

在我的指导下，许多年轻教师在教学中脱颖而出，成长为学科骨干教师。张波、彭小月等9名教师被评为滨州市教学能手、学科带头人，马红光老师执教的课获全国优质课二等奖，张晓博、张蓬等14名教师执教的课分别获省优质课评选一、二等奖。在山东省组织的课件、论文、教学案例评选活动及物理竞赛中，邹平市均取得了优异的成绩。邹平市初中物理教学教研工作走在了滨州市乃至全省的前列。

《道德经》曰："天长地久。天地之所以能长且久者，以其不自生也故能长生。是以圣人退其身而身先，外其身而身存，不以其无私邪，故能成其私。"

《周易·坤·文言》曰："积善之家，必有余庆。"

这些传统文化典籍是我工作的导向和精神支撑，时时激励着我恪尽职守，托底就下，努力为老师搭建良好的教育平台，给他们吸纳、反省、矫正、提高的机会，让他们更好地展现自己的良好素质，去实现自我价值。进而培养好我们的孩子，让他们成为德才兼备的国家栋梁。

"为天地立心，为生民立命，为往圣继绝学，为万世开太平"，这是教育的目的，也是指引我工作的方向。"也许我们无法做伟大的事，但我们可以怀着伟大的爱去做小事。当我们怀着伟大的爱与高贵的精神，就算是做着小事，也能绽放出耀眼的光芒！"这句话激励我努力工作，不敢懈怠。

"路曼曼其修远兮，吾将上下而求索"，我将继续努力，为人民的教育事业奉献自己的一份力量。

名师简介：

杜静，正高级教师，邹平市初中物理教研员。曾获全国首届优秀物理教研员、山东省特级教师、山东省教学能手、滨州市有突出贡献的专业技术人员等称号。在全国名师课堂教学大赛中获一等奖，在物理学科杂志发表论文30余篇，多项课题成果获省教学成果奖。

寄语： 当我们怀着浮躁的心去计较每一次得失，过于在乎自己是不是名师，到头来可能什么都不是——这叫"多情总被无情恼"。相反，什么都不去想，只是守住自己朴素的教育心，善待每一天，呵护每一个孩子，岁月总会给我们以丰厚的馈赠——这是"道是无晴（情）却有晴（情）"。所以，我们教师应树立"以人格魅力和卓有成效的工作赢得社会尊重，以自我完善和学生进步成就事业幸福"的观念，来指导自己的专业发展方向，获得工作的成就感，实现自我幸福的教育生活。

做一个有幸福感的教师
——育己方能育人

山东省昌乐二中　刘庆高

拥有幸福的教育生活是我们每一位教师的理想。在今天这样一个社会转型、思想变革的时代，我们教师面对教育改革发展的要求、家长的期望和对自身成长的期待，难免感到"压力山大"。可以想象，当教师丧失幸福感时，他能引领学生去感受幸福吗？那么，我们教师应该如何做才能适应教育发展的要求和满足家长的期望，实现自己的"幸福教育梦"呢？

扬雄在《学行》中说："师者，人之模范也。"我国现代遗传学的奠基人之一、中科院院士谈家桢说过这样一句话："吾平生无所追求，终生之计在树人。希求我的学生以他们的学识服务于社会，贡献于人类。"我认为，教师应树立"以人格魅力和卓有成效的工作赢得社会尊重，以自我完善和学生进步成就事业幸福"的观念来指导自己的专业发展方向，获得工作的成就感，实现自我幸福的教育生活，即修养自身，育己方能育人，奉献他人，成就自己，完善社会。

一、要有一个向上的精神诉求

要有一个向上的精神诉求，也就是说要有不断超越自我追求卓越、不畏艰辛、勇攀高峰的精神境界。每位老师确立的目标不同，最后达到的精神境界和教育水平就会存在较大的差异。在有精神诉求的情况下，我们就会明确目标，发现自我，挑战自我，增强实践。首先，我们对教学中遇到的问题要有想法（即善于发现问题），思考做出有效的教学设计或进行教学反思，并将就某个问题作出的教学设计或教学反思应用到课堂中去（即实施自己的想法），在实施过程中不断完善，提炼出解决问题的方法策略（即完善想法），也就是说从问题到总结再到实践，不断深化教学规律。一名教师，只有在日常的教育教学生活中，始终坚持反思，他才会获得持续前进的动力。其次是成长机遇和适应环境。我们教师的成长都离不开机遇，有的人能够把握机遇，有的人能够创造机遇。俗话说得好，机遇总会垂青那些有准备的人。一次培训、一次竞赛、一次赛课等都有可能是教师发展的机遇，有些教师通过培训、观摩获得成长，有些教师通过参与竞赛和赛课获得提高，但这些都与教师本人的精神诉求和坚持不懈的实践分不开。我们需要把握机遇，不断夯实自我。我们生存的社会无时无刻不在发生着变化，我们在适应环境的同时达到自己的发展，无论在顺境中还是在逆境中都要拥有一颗平常心，改变那些我们能够改变了的，接受那些我们不能改变的，成功是改变了的自己主动吸引来的。适应环境、应对环境，最终挑战环境、超越自我。从精神上升华自我，从内在诉求影响外在实践。

二、学高为师，身正为范

俄国著名教育家车尔尼雪夫斯基曾说："教师把学生造成一种什么样的人，自己就应当是什么样的人。因此，教师不但应该有这样的认识，而且也应该用这个认识来指导自己对职业精神的修炼。"孔子说："其身正，不令而行，其身不正，虽令不从。"想要学生做到的，老师应先做到。以自身行为去影响学生，润物细无声。老师处理问题的方式、结果直接影响学生的价值观、人生观。被学生接受、喜欢的老师是好老师。被学生内心接受的东西，才能成为教育的瑰宝。所以在对待学生上，一定要以公平、公正为标尺，一视同仁，没有厚薄之分；同时在生活上、学习上、思想上关心爱护每一个学生，让他们感受到你的关爱，这样才会拉近你与学生的距离，才会将空洞的说教变为朋友式的谈心，将批评变为引导。师生的情感交流可以促使学生自觉接受教师的教诲，养成良好的认知习惯、行为习惯。师生情感交流又是一个相互作用、相互影响的过程，教师尊重、理解、关心学生，学生也会更尊重教师，师生坦诚相待，心心相印。陶行知说："真教育是心心相印的活动。"

我们教育学生要知错就改，自己在学生面前做得不好也得承认错误并改正。学生犯了错，老师对其批评教育，或委婉、或犀利，然后学生向老师认错，这事如家常便饭般，在学校里几乎没有哪一天不会遇到这样的事。但是，如果老师当着学生的面做错了事呢？我们会向学生认错吗？这有点难。为什么呢？因为一直以来老师在学生面前的形象都是威严而高大的，由于内心的师道尊严作祟，我们极不愿向学生低头认错。很多时候，学生给我们指出的错误（批错题、写错字、说错话等），我们会"嗯""哦"一下含糊过去了。跟学生说句"不好意思"还比较容易，可向学生真正地道歉，很难说得出口，很需要勇气。有人说，向学生认错，是教师人格魅力的张扬。为了避免出现尴尬场面，我们要尽量不犯错，但犯了错就必须要道歉。师生的关系是平等的，有错就要改正，过而能改，善莫大焉。教师要以切身的行为来给学生做示范，赢得尊重、赢得学生发自内心的肯定。

三、具备深厚系统的学科信仰、学科知识、学科思维方式以及人格魅力等学科核心素养，是教师实现育人的根

有人曾在森林里完整地挖掘出了一株百年大树，令人惊叹的是，这株大树蜿蜒曲折的庞大根系竟是树冠所占空间的两倍！可见，茂盛的大树，只有依靠深广的根系从广阔的大地中汲取养分，才能枝繁叶茂，傲然而立。

试想：如果一名语文老师缺乏激情和诗意，他能在学生的心灵上播下亲近文学的种子吗？如果一位数学老师从来没有领悟理性之美和严谨、简洁、和谐之美，他的数学课堂会丰富多彩吗？如果一名物理或化学老师从没感悟大自然和谐之美和实验的魅力，他能把学生带入科学的殿堂吗？……所以，具备深厚系统的学科信仰、学科知识、学科思维方式以及人格魅力等学科核心素养，正是教师实现育人的根。教师对学科的思想方法、学科知识体系及内在关联和学习策略等学科核心素养的把握程度，决定了其掌握学科内容的宽度和深度。比如，作为一名中学物理教师，具备良好的学科核心素养就是教师能整体把握整个中学阶段的教材，能跳出教材看教材用教材，把握每个学段孩子的认知、心理、审美意识发展的特点，在教学中充分发挥物理的培育人性光辉和播种人生智慧的育人功能。要兼顾学情和教情。与学科素养相关的人格魅力是教师综合素养的体现，一名优秀教师凭借自身所拥有的学识能力和技巧策略以及自然洋溢出来的由内而外的文化之美和高贵而丰盈的学科气质去引导学生，既做传授知识的"经师"，又做善于育人的"人师"。

四、让学生每天都盼着上你的课

刚来二中，王培栋老师的一句话让我印象深刻："作为一名老师，你首先要用自己的课堂来征服学生。"会上课的老师是最容易被学生认可的，所以我们要设法在上第一堂课时就吸引住学生。如果学生在第一堂课就佩服你，下课铃声响起的时候，教室里一片叹息（意犹未尽），下课后孩子们纷纷去看课程表，看第二天你的课是什么时候，那你就成功了。当然，要想让学生对你的崇拜长久，那我们就要追求每一堂课都精彩。不同的老师，教学方式方法也许不同，比如田爱英、赵素芹等老师视野开阔、信手拈来，将知识与学生生活相联系，与生命共鸣；张东升等老师富于思辨、逻辑取胜；还有的老师以抒情或幽默见长……这些都能使课堂精彩纷呈。让学生每天都盼着上你的课并不容易，这需要在课下花费更多时间去研究教学方法，吃透教材，更生动活泼地讲课，吸引学生。

五、让学生痴迷学习

身为对学生负责的老师，必须培育学生刻苦认真的学习态度和细心规范的思维习惯等，当然也不应该讳言考试成绩，因为"高考是教育的副产品"。哪个学生到学校来不是希望考一个好成绩？哪个家长把孩子送给你，不是希望你给他的孩子一个好成绩？学生以学习为主，教师以教学为本，不抓学生的学习，无论如何说不过去。如果一个老师的课上得好，但学生成绩却一塌糊涂，他声称是在搞"素质教育"，谁信？一个优秀的老师，如果没有令人信服的中高考成绩，其"优秀"必然会大打折扣。还要特别强调的是，精彩的课堂与出色的分数，这二者对优秀老师来说，必须同时具备。有的老师课上得好，学生的分数却不高，那不是真正的课上得好，也许不过是哗众取宠，以廉价甚至低俗的"幽默"博取学生的喝彩。有的老师所教学生的分数很高，但课却不受学生欢迎，因为学生的高分数是靠"题海战术"和"加班加点"得来的，这样的老师也难以说是真正的"优秀"。

在我看来，做到了上述所说的这些，就可以叫优秀老师了。无论他是否获得了来自官方的荣誉称号，他的优秀都已经写在了学生及家长的心里。这样的优秀老师可以说每个学校都有。在你的身边也一定有，他们应该是你学习的榜样。你想让自己优秀，请先向身边的优秀老师学习吧！

写到这里我突然想到：其实，名师也好，优秀教师也罢，都是自然而然产生的，并不是对功利"孜孜以求"的结果。如果将这些目标列入"时间表"，不妥。"路曼曼其修远兮，吾将上下而求索。"教学是一个不断求索的过程，十年育树，百年育人。老师不仅是在教学生知识，而且也在教做人的道理。希望学生能在我的课堂、教学中，学到知识和培养良好品德。我也将在这个过程中，秉承着初心，奋力向前。每个学生都是闪闪发光的个体，希望他们能在和我一起学习的道路上发现自己，成就自己，谱写出一篇篇精彩乐章！

名师简介：

刘庆高，正高级教师，山东省特级教师，山东省第十一届中学物理优质课获得者，潍坊市物理教学能手，潍坊市第一批立德树人标兵。2020年10月因勇救落水青年入选"潍坊好人榜""山东好人榜"，2021年获得潍坊市道德模范奖和山东省道德模范提名奖。

寄语：爱与责任是我们永恒的师魂。让我们在教育中，坚持做人与成人并重，智商与情商并重，知识与能力并重；全面培养学生的基本素质；为学生的终生发展负责；为学生的可持续发展负责。

守住教育的那片真　让反思助力成长

邹城市东滩煤矿学校　李金玉

"成长=经验+反思"，这是关于教师成长的经典公式。叶澜教授指出："一个教师写一辈子教案不可能成为名师，但一个教师写三年教学反思就有可能成为名师。"作为教师，如果只是读书、教书而不写作、不反思、不梳理自己的成败得失，就不可能提升自己的教学理念。要使自己尽快地成长起来，需要不断反思。坚持写教学后记或教学随笔，这样不仅能逐渐培养起随时开展教学反思习惯，还能使我们逐渐向专家型教师靠拢。

一、初为人师，在慌乱中收获成长

那是1999年的夏天，当时还是师范学校学生的我，被兖矿集团北宿矿校选聘为初中物理老师，并安排担任初三（2）班的班主任。

初为人师，我既兴奋又忐忑不安——万一班级管理不好怎么办，物理教学开展不好怎么办，给予学生的帮助辅导不能切中要点怎么办，完成不好学校交给的各项工作任务怎么办……各种问题、担心纷至沓来。可以说，我就是在忐忑中开始了教育教学生涯的。这些工作对于初为人师的我来讲都是崭新的，因此，很多事情都是在慌乱的节奏中完成的，所以刚踏上三尺讲台的我总是忙忙碌碌。由于刚接任班主任工作，在管理班级方面没有经验，处理各种班级事务，总是茫然无绪又慌乱。参加班主任会议听取学校要求，领取并发放学生新课本、班级卫生工具，处理班级学生出现的问题，和家长进行沟通交流，批改作业、辅导学生，去实验室准备实验器材，陪学生们上晚自习，等等。我要处理的事情比较多，研读教材和备课，只能等到下了晚自习才能着手。由于当时可以查阅、借鉴的备课资料非常少，所以为了备好第二天的课，我总是在宿舍工作到半夜。有时候，为了找到一个适合学生的课堂引入点，我都要思考很久，心里默默地"演练"好多次。和我同宿舍的同事，有时一觉醒来，发现我还在备课。幸好备课总算有了好的结果，我从刚开始的慌乱逐渐走到了从容。

物理学科永远绕不过去的就是物理实验。然而，在我上学的时候，因为条件的限制，能够做实验的机会非常少。作为物理教师，为了让学生不产生这样的遗憾，我希望能让尽量多的学生动手操作，在实验过程中领悟物理概念、物理规律，提高对物理的理解。为了让学生做好实验，我一般提前到实验室中准备和测试实验器材，并检验实验效果。为了能取得更好的实验效果，有时我也会创新实验器材、改进实验方法。学生通过这种事先预演，有了更多机会多做实验，多感受物理的乐趣。而在这个过程中，我既体验了对实验的"先睹为快"，又满足了自己对很多实验现象的好奇心。

人们常说"一分耕耘一分收获"。我也坚信，没有白付出的努力。我所管理的班级无论是班级风貌还是教学成绩，在一段时间内都有了明显的提升；更让我骄傲的是，班里学生的成绩有了很大的进步，我与学生们慢慢建立起深厚的友谊。在班级管理中，我赢得了学生的认可和家长的称赞。

有的同事出于对我的关心，认为我的能力比较突出，鼓动我转行，还说男人当老师没有前途。我回答，自己没有同事们夸得那样优秀，有的仅仅是对工作认真的态度和积极进取的行动。自己感觉当老师挺好，也挺满足的。看到一双双渴求新知、对未来充满期待的眼睛，我就充满了动力和激情，觉得三尺讲台正是我施展才华的最好舞台，在与学生们交流互动中获得的乐趣和欣慰正是我最想得到和拥有的。

二、因热爱而笃定，因坚定而执着，因感动而眷恋

不忘教育初心，牢记教师使命，这缘于一份沉甸甸的热爱。陶行知先生说："真教育是心心相印的活动，唯独从心里发出来的，才能打到心的深处。"

经历了初为人师的慌乱，在教育教学的道路上逐渐成长的我，现在更可以理直气壮地说："教书真好！"我认为教学缘于热爱，没有爱，便没有教育。教育是爱的事业，教师的爱与众不同，因为师爱是理智和心灵的交融，是沟通师生心灵的桥梁。"精诚所至，金石为开"，这是走上三尺讲台、担任班主任后我的行为准则。

我对班主任的定位是一种奉献，是一门艺术，更是一份责任。班主任更要勤于"充电"、敏于捕捉、善于思考，孜孜探索教育艺术，力求走近学生。全身心的投入和辛勤的付出，让我获得了成功的回报。我所带的班级连年被评为"月度最佳""文明班级""优秀班集体"，自己也多次被评为优秀班主任。

爱心换来的是学生的成长与祝福。这是某年教师节晚上11点钟我收到的短信——"老师，您好，我是王茜，教师节快乐！高中真累人！本想在早上给您发短信的，但是时间太紧张了，5点就要起床，吃完饭就得走，所以到晚上，才发给您教师节快乐，这是我开学后第一次碰手机！"这样的学生、这样的祝福让我更加坚定：班级管理，要"让爱住我家"。

作为一名班主任，我既是学生的老师，又是学生的朋友，同时还是班级里的"老妈子"——无论班级里的大事小事，我都与学生共同应对。早些年，很多学生沉迷网络，经常出入网吧。我班里的孩子也不例外，住在矿区的孩子去网吧更是方便。一天的凌晨1点，我的电话响了："李老师，我儿子又不见了，您能帮我找找吗？"声音里带着无助、失望和悲伤，同时充满了对于获助的期待。电话是一位我所带班级学生的父亲打来的。这个学生来自单亲家庭，母亲很早就离开了他们父子，学生的父亲既当爹又当妈地把他拉扯大。因为这个学生的父亲在家庭教育方面缺乏好的方法，所以这个学生养成了很多不好的习惯。我对着电话说："您别着急，我们一起去找找。"于

是，寒冷的冬夜里多了两个单薄的身影。最终我们在一家网吧的角落里找到了他，这个学生迷恋上了网络游戏。针对这种情形，我并没有一味地责怪他，也没有所谓苦口婆心地给他讲大道理，我只是揽着他的肩膀，像什么都没有发生一样把他送回了家，嘱咐他先休息。第二天，我把这个学生单独领到办公室，关上门，和他深切交流。我先讲了以前自己的求学故事，希望能感化他，让他也能吐露心声。终于，他说出了心里话——不愿待在家里冷清的气氛中，总想逃离，所以选择了网吧，在游戏里寻找快乐来填补内心的孤苦。我告诉他："你作为将来家里的顶梁柱，逃避怎么能是一个男子汉的行为呢？你要做的就是打起精神和父亲共同努力让家更加温暖……"通过恳切深入的交流，又让他从另一个角度认识到他父亲的不易，他的心略有松动，等回家看到爸爸粗糙宽大的手，略佝偻的腰和做好的饭菜，他逐渐松动了。后来，半个学期过去了，这个学生再也不去网吧了，他的成绩也有了明显的好转。等学期结束，我再去他们家时，家里收拾得比以前干净多了，墙上贴了很多富有正能量的图画，他们父子俩脸上也洋溢着灿烂的笑容。

还记得有一段时间家访，是在冬天，学生家里有暖气，而室外的北风，强劲而寒冷。冷热交替之下，我感冒了。开始我并没当回事，可后来的持续家访令我感冒加重，让我不得不去医院治疗。当时并没有觉得有必要告知其他人，于是在医院打完针后继续上课。出乎我的意料，孩子们看到我不停地咳嗽、声音嘶哑，特别贴心，教室里不再有其他声音，就是想让我不要大声讲课加重嗓子的不适。其中盛宝莹专门拿来药，送到办公室，并亲自嘱咐我：这个药是治疗咳嗽的，那个药是治疗感冒的，以及消炎药怎么吃；还有孟繁林从家里拿来药给我，说这个药是他上次感冒时用的药，效果特别好……学生贴心的举动让我每每想起时，除了感动还是感动！看似简单的行为，看似简单的话语，却温暖了我的一生。这样的情谊、这样的感动，让我对教育教学充满眷恋。我更加坚信当初的选择是正确的，教育教学之路就是自己毕生为之奋斗的舞台。也许这是同事眼里我执着的原因。

从教23年来，我一路前行，一路收获。我的学生在以后的求学和工作中捷报频传。更让我倍感欣慰的是，我的学生如程远、陈启蒙、胡蝶、王茜、郭慧茹、高玉培、宗成、韩松、郑同鑫等经常回母校或发信息与我交流，诉说、分享他们的成长经历。

三、执着于学习　成长于思考

时间再拉回到刚参加工作两年后，由于工作需要，我被调到了现在的学校——邹城市东滩煤矿学校。

新的学校、新的教学研究氛围，学校经常性地开展教学展示课活动，如中青年教师展示课、优秀教师示范课、青年教师汇报课等。在这样的氛围中，我如饥似渴地参与听课活动，每一次听课，我都认真记录老师们的教学理念、教学技法，其中包括了老师们课堂语言的组织、教学活动的设计、教学环节的衔接方法、问题的设计、问题的处理方法、师生的互动、教学评价的方法、器材的创新设计、多媒体的应用等，甚至老师们上课时语气语调的变化，我也在听课本上做了详细的标注。但是在我的听课记录中，记录更多的还是对于听课的感悟：授课教师教学中通过哪些环节、哪些活动体现了先进的教学理念；为什么设置这样的教学情境；设计有梯度的问题的方法好在哪里；课堂中是怎样进行师生互动的；老师对学生的评价高明在哪里；如果自己来处理这样的问题应该怎么处理；老师们语气语调的变化对教学效果的影响是怎样的；在教学中，老师是通过哪些方法激发学生学习兴趣和学习热情的；等等。总之，在我的听课记录中，记录的都是我的所观、所思、所悟。

更让我记忆深刻的是第一次近距离接触山东省初中物理优质课比赛活动。由于举办地离我的学校只有几十公里，学校组织了全体物理老师去听课。这次听课活动让我大开眼界，接触到了更为先进的教学理念，见识了更为科学、合理、精妙的教学设计，体验到了更为高超的教学技艺，领略了更有魅力的教师风采。这次活动给予了我更多的思考和触动——要想让教学更有魅力，教学效果更为丰盈，我们必须学习先进的教学理论，锤炼教学技艺，深入研究教材，挖掘身边的一切可以利用的素材进行教学。

为了缩小与优秀教师的差距，我像打了鸡血一样更加主动地学习先进的教学理论，努力提升自己的教学技艺，积极地向优秀的同仁们学习，利用各种学习和赛课的机会不断提升自己。

在参加工作的第6年，即2005年，我参加了济宁市初中物理优质课比赛，获得了一次展示自我和提升自我的机会。回忆起为参加市优质课比赛准备的过程，我觉得可以用"煎熬"两个字来形容。为了做出创新的教学设计，呈现出精彩的课堂，获得更好的教学效果，我和我的团队废寝忘食，可谓费尽了心思、绞尽了脑汁。不过，我也在"煎熬"中收获满满，感悟良多。功夫不负有心人，由于表现出色，我被推荐代表济宁市参加了山东省初中物理优质课比赛，取得了优异成绩。2006年，我还参加了济宁市教学能手评选活动，以优异的成绩被评为济宁市初中物理教学能手。

基于教学理念的持续更新、教学技艺的不断提升，孩子们对学习物理的兴趣愈加浓厚，对物理学的理解愈加深入，科学素养在不断提高，物理学科的成绩也在持续提高。我所带班级的成绩在县域内28所学校，总是能名列前茅，有时位列全市（县）第一名。我觉得付出的努力还是值得的。

在后来的各类教研活动中，我执教了多次研讨课、示范课、创新课，进行了多次的教学经验交流，和校内外多位青年教师分享经验和教训。我先后被评为"兖矿名师"、"邹城名师"、济宁市特级教师、济宁市"杏坛名师"。

四、跳出课堂，审视课堂，让思想远行

儿童教育家、"情境教育"创始人李吉林老师说："没有文章，思想就行不远。"特级教师窦桂梅教授在《回到教育原点》中说："小小的笔改变不了世界，却能改变我们的课堂。写可以改变你的课堂磁场，甚至改变你的生命属性。因为写作能够保持自己对课堂的清醒、对评价者的距离，自觉辨别批判的声音，可以跳出课堂本身，以一个旁观者的身份审慎地看待自己的课堂。"

初为人师时，有很多专家和领导给予我指导：作为教师，如果只是读书、教书，而不写作、不反思、不梳理自己的成败得失，就不可能提升自己的教学理念；要使自己尽快地成长起来，只有不断反思，坚持写教学后记或教学随笔，这样不仅能逐渐培养起随时开展教学反思的习惯，更能使我们逐

渐向专家型教师靠拢。正是由于教育专家的引领以及各级领导同仁的鼓励和指导，我更加重视对教育教学的思考。我通过一篇篇文章表达了在物理教育教学中的一些观点和思想。在思想上深化认识教学规律和教学活动。通过不断总结和反思，努力做好教学。

在第一次执教市公开课时，我执教了《变阻器》这节课。在之前的教学活动中，我发现，如果仅仅是让学生认识滑动变阻器在电路中的作用及其使用方法，还远远不能充分发挥滑动变阻器这一器材在学生学习中的"功效"，对于滑动变阻器这一重要的认知"载体"的学习，学生在认知它的过程中应该领悟更多方法和道理，甚至感悟到科学工作者、劳动者求索创新的艰辛过程，劳动人民的聪明才智。于是，我对那节课的教学进行了创新设计。我让学生分别把铁丝、铜丝、铅笔芯、镍铬合金丝等导体接入电路，尝试用它们改变灯泡的亮度。在这个过程中，学生认识到导体电阻"不变"与"变"的变化原因，从而领悟滑动变阻器改变接入电路中的电阻这样的工作原理。同时，我引导学生运用"缺点列举法"列举这些导体改变电阻的不足之处，并尝试改进。有了这些铺垫，学生对滑动变阻器这一器材，就会有更多的认识、更深的理解，认识到这一器材是富含劳动者智慧与艰辛创作的结晶，学生甚至对滑动变阻器产生"情感"。这激发了学生的创新意识，以至于有些学生对发明创造产生了强烈的意愿。我结合自己的教学行为和教学反思，撰写并发表了《怎样开展"滑动变阻器"实验器材的教学》一文。

在《科学探究：滑动摩擦力》的教学过程中，我和学生就同一个问题提出过质疑——在运用控制变量法探究滑动摩擦力大小与接触面粗糙程度关系的时候，接触面的材料是否要控制不变。基于此，我在执教山东省初中物理优质课《科学探究：滑动摩擦力》时，为了让学生能更好理解"控制变量法"，运用"控制变量法"，我将教材中的方案进行了改进，对"纸浆板"进行了改造，并让学生利用"纸浆板"进行探究。将实验器材和实验方案改进后，学生们在探究时就可以更好地控制材料相同。这样的教学改进能帮助学生更好地理解"控制变量"。接下来，我与团队又持续对教学进行研讨与反思。在教学创新与反思的基础上，我撰写并发表了《"探究滑动摩擦力大小"实验的改进》一文。

在探究杠杆的平衡条件的教学中，我发现学生利用"直杠杆"进行探究，虽然也知道了杠杆平衡条件，但学生并没有真正领悟这一重要的物理规律，也没有真正建构出力臂概念。因此，我借助执教全国实验教学说课的契机，尝试对该探究过程进行了改进，将教材中的"一次探究"活动创新为"三次探究"活动（探究"直杠杆"平衡到探究"弯杠杆"平衡再到探究倾斜状态下杠杆的平衡），学生对杠杆平衡的认知经历了一个由"特殊"到"一般"的过程，借助创新器材"弯杠杆"，引领学生产生认知冲突，学生自主建构出了力臂概念，有效地突破了教学难点，三次探究过程深化了学生对杠杆平衡的理解。结合此次的教学改进和教学反思，再结合持续的理论学习，我又撰写了《创新实验教学，让探究"走心"》一文。

在平时的教学中，借助持续的理论学习和教学反思，我在教育教学中有了更多的感悟以及对教育更深入的理解，有了更多对当前教育教学的思考。在这个过程中，我也在不断凝练自己的教育理论与教学主张，教学反思与教学写作。在教育教学之路上，我不断远行。

五、潜心教研，重燃教育热情

对于教师的教育科研，很多专家对教师都给予了积极的鼓励，甚至表现出了殷切的期待，例如，费斯勒在《教师专业发展》中就提到，教育科研是教师自我发展的主要途径，没有今天的教育科研，就不会有未来的教育家。又如苏霍姆林斯基认为，教育研究能使教师从平凡的、极其平凡的、司空见惯的事件看出新的办法、新的特征、新的细节，使教师的创造思维得到有效发挥。教师丰富的教育教学实践为教师参加教育科研提供了有利的条件，其应用性研究、行动性研究和开发性研究，对于培养教师的创造力有着不可低估的作用。

很多教育大家对于教师进行教育研究的重要性和必要性都有不同角度、不同层面的叙述，然而，我们教师都有这样一个体会：刚走上工作岗位，满怀憧憬和热情，干什么事都活力四射，但随着时间的推移，却有了同样的滋味——繁杂、忙碌、辛苦、疲惫，这几个词成了现实生活中大多数教师生活的写照。

其实，无论干哪一行，经过一段时间后，人们大多数都会倦怠自己的工作。倦怠，来自简单、重复、单调，我们跨入校园，走进办公室，然后走向教室……这按部就班、日复一日逐渐变成一种习惯和秉性，那就是不思改变也不想改变，所以生活变得单调乏味。

由此引出了一个问题：如何让自己重燃对教育教学的热情？

我们虽然不能改变我们的工作性质，但可以改变生活方式，改变工作方式，反思自己的教育生活，研究自己的教育对象，做一名反思者和研究者，重建教育观念，做一个有教育理想的人。这样，我们会发现原来每一天的太阳都是新的，我们的学生有多可爱，我们的工作多有意义，生活才会变得快乐。我们需要学会超越自我，在辛苦中寻求工作的快乐，追寻自己的专业发展，实现自己的教育梦想。

自参加工作以来，我曾多次参与或主持课题的研究，在研究的过程中，时常感到压力很大，也经历过很多困难和挫折，但也收获颇多。在课题研究中，我领略了教学研究的风采和魅力，学习了教学研究的一些方法和措施，体验了教学研究给实际教学和学生成长带来的促进作用，课题研究成果也获得过省、市优秀课题成果一等奖，并为此而兴奋过。但在课题研究过程中，更让我感受深刻的是课题立题的选择。我曾经因为选题太"大"、太"空"、太"宽泛"而苦恼很久。慢慢地，我知道了课题立题需要"精""小""实际"。课题研究是要在教师的日常经验和现象之中，而不是在经验范围之外去寻找问题和课题。

理论界把教师所从事的教育实践研究（主要是中小幼教师），简称为教师研究。作为教育研究的一种特殊类型，教师研究的最终目的并不在于获得令人信服的研究成果，以普遍推广和运用，通过研究所形成的物化的研究成果也应退其次，最为重要的是在研究过程中锻造和凝结成教师的一种精神气质，一种反思者和研究者的气质，从而使教育教学工作充满乐趣和意义，使教师逐步成为一个能够把握复杂教育教学实践工作的成功者。简而言之，教师研究是一种基于自身教学经验，以自身教学实践为对象，改善自身教学理念和行为，提升教学自觉意识的教学实践研究。因此，以自身的亲身实践和亲历体验为重要基础，是自身"在场"的现场性的研究，是不断地在教学中发现问题、分析问题和解决问题的一个个完整过程，把自身作为思考的客体和对象，不断地追问、挑剔和批判自己已经形成的教学理念、教学行为、教学经验和教学成果，需要在貌似合理和正常的地方找出反常和问题。

六、他山之石，可以"成玉"

石头可以变成玉吗？有人说，玉原本就是"石头"。而我认为，他山之石，可以"成玉"！这来自我对教育教学不断地感悟。

当时正值兖矿集团优化改革之际，作为矿区学校教师，我们教师也进行了相关的学习。在学习中，我关注到企业管理中的五项活动："计划""组织""调控""激励"和"领导"。这五项活动又被称为管理的五大基本职能。计划职能，包括对将来趋势的预测，根据预测的结果建立目标，然后制订各种方案、政策、以及达到目标的具体步骤，以保证组织目标的实现（国民经济五年计划、企业的长期发展计划，以及各种作业计划都是计划的典型例子）。组织职能，一方面是指为了实施计划而建立起来的一种结构，该种结构在很大程度上决定着计划能否得以实现，另一方面是指为了实现计划目标而进行的组织过程，比如要根据某些原则进行分工与协作，要有适当的授权，要建立良好的沟通渠道，等等，组织对完成计划任务具有保证作用。控制职能，是与计划职能紧密相关的，它包括制定各种控制标准，检查工作是否按计划进行，是否符合既定的标准；若工作发生偏差，要及时发出信号，然后分析偏差产生的原因，纠正偏差或制定新的计划，以确保实现组织目标（如用发射的导弹飞行过程来解释控制职能是一个比较好的例子：导弹在瞄准飞机发射之后，由于飞机在不断运动，导弹的飞行方向与这个目标将出现偏差，这时导弹中的制导系统就会根据飞机尾部喷口所发出的热源来调整导弹的飞行方向，直到击中目标）。激励职能和领导职能主要涉及的是组织活动中人的问题，要研究人的需要，动机和行为，要对人进行指导、训练和激励，以调动他们的工作积极性，要解决上下级之间的矛盾，要保证各单位、各部门之间信息渠道畅通无阻，等等。

我对企业管理的方式、策略进行认真研读，并与班级管理做了迁移比对之后，颇有感触。于是，结合班级发展目标、学生个人成长目标、学生成长的跟踪、各班委的职责、家校共育等班级各方面工作，我对班级管理进行了反思与改革。经历一段时间的实践，班级风貌焕然一新，学生的学习效果有了明显改善。

正是基于对企业管理的借鉴学习，对班级管理改革的初步尝试，我对教育教学感悟很多。结合体验与反思，我撰写并发表了《借企业管理之魂　优化学校班级建设》一文。

在进行教学设计时，尤其是在参加各类赛课的过程中，我们常常苦于没有更满意的教学设计、创新思路，缺少相对巧妙的教学过渡，缺乏客观且有艺术性的教学评价。那么，这些问题怎么解决呢？我认为，除了加强理论学习，提升教育境界，不断提升自己的教学设计能力之外，还需要进行多学科、多领域的学习和借鉴。

我看电视节目时，尤其是看小品大赛、相声大赛或春晚等节目时，常常会想到课堂，想到各类赛课。我觉得一节精彩的课和一个精彩的小品、相声作品，有着很多共同点：如精彩的构思、精妙的语言、对节奏精准的把控等。在平时上课的时候，教师对教学节奏的把控，教学悬念的设置，以及幽默的语言，很多时候都可以从相声、小品演员或节目主持人那里学到。例如，我对学生的很多评价就借鉴了主持人对一些选手或嘉宾的评价方式及话语体系。当然，这只是所举的一个小的方面。

正所谓处处留心皆学问。在教学之外，我们可以多借鉴、多学习、勤思考。平时的积累对我们的教学应该是有用的。其他领域的发展变化、优秀成果对于我们教育领域同样有着很好的指导作用和借鉴意义。教师的学习，完全不应局限于教育领域。可以说，他山之石，可以"成玉"，学无止"域"。

七、共同成长，为梦想插上腾飞的翅膀

一花独放不是春，一棵树成不了森林。骨干教师，既是一种荣誉，更是一种责任，除了要不断提高自己，使自己成为名副其实的教学骨干力量的同时，还要辐射带动周围的老师共同进步，共同提高。

作为济宁市首届名师工作室主持人，学校理化生教研组长，我与团队建立起"三级培养网络"——师傅带徒弟，教研组集体培养，组长负责制，这有效地促进了青年教师的成长。我与工作室成员及学校理化生教研团队研读国家教育方针政策、教育教学法规，学习现代教育理论，深入学习文化、科学知识，学习现代教育技术，加强跨领域学习。同时，我们还借助所观摩的全国创新大赛课、省赛课等优秀课例的内容，进一步阐释教育教学理论的含义；引领老师集体备课，提升钻研教材、研究学情、设计教学的能力，提升引领学生进行合作学习、进行实验探究的能力，学习课堂问题设置、课堂评价的策略，学习如何布置课后习题，如何开展课后辅导等。经历共同学习和集体备课的过程，不断提升老师们的教学设计能力及课堂教学能力。在学习和磨课的过程中，以课题研究的形式打造出符合物理学科特色的教学策略，构建凝练出适合不同课型的教学模式。当然，这样的模式也不是一成不变的，我们力求做到在恒中求变，变中求恒。

我们根据不同老师的性格特点、教学风格，帮助老师们打造符合他们个性特色的教学策略和教学模式，使他们快速成长为精英型教育能手、教学能手，并通过他们带动更多老师成长。正是在这样的实践中，一大批年轻教师快速成长，他们很多人取得县级优质课一等奖、市级优质课一等奖。还有多位老师在我的指导下，获得了省级教学比赛一等奖。团队中的很多成员已经成长为当地的教学能手，甚至已经成长为了市级名师。

骨干者必是善学者，骨干者更是善行者。我们要把前辈教师传递给我们的接力棒继续传递下去，不是传给一个人，而是辐射一片，力争"传"出智慧、"帮"出成长、"带"出文化。

名师简介：

李金玉，高级教师，济宁市特级教师，济宁市"杏坛名师"，济宁市首届名师工作室主持人。曾获山东省实验教学初中物理组第一名等奖项。发表论文《创新实验教学 让探究"走心"》《怎样开展"滑动变阻器"实验器材的教学》等十余篇。

涵养教育情怀　淬炼教学技能

济南市莱芜区寨里中学　李万海

一名优秀教师的成长就是不断历经思想淬炼、实践锻炼、专业训练，从学徒期、成长期、成熟期走向成名期、实现自我价值的过程。让一名教师从优秀走向卓越，做好内功是前提，要不断涵养教育情怀，淬炼专业技能，做课题勤反思，提升综合素养；要让一群教师从优秀走向卓越，借助外力很关键，塑造充满人文关怀的教育环境和搭建教学研究培训平台是老师成长行稳致远的根本。

1997年我从山东师范大学毕业来到了济南市莱芜区寨里中学，成为一名农村中学物理老师，这一待就是25年。在这25年间我见证了这所乡村中学的成长，也成长为一名小有成就的物理老师，先后获得市优秀教师、市学科带头人、市教学能手、市教科研先进个人、市班主任工作先进个人等荣誉称号。2020年12月，我有幸成为山东省初中物理特级教师工作坊的一员，2021年被聘为"互联网+教师专业发展"工程市县级学科专家。

梳理我的成长经历，可以总结为一句话：淬炼教学技能，涵养教育情怀。

一名优秀教师的成长是教师专业化发展的过程，一般要经历4个时期。第一，学徒期（教学新手，1—3年），这是教师职业生涯的第一站，主要是在三尺讲台上"立得住"。这个时期新教师所面临的主要任务是熟悉教学内容、教学对象，适应学校环境。通过学习和模仿同行的课堂教学，摸索教学经验，不断把教学知识转化为教学能力。第二，成长期（从普通教师成长为骨干教师，4—10年），教师能在三尺讲台上"站得稳"。教师在这一阶段具备了一定的教育实践能力，形成了自己的一套教学方式，教学风格的雏形正在逐渐形成，开始认同职业价值，逐步树立现代教育理念。第三，成熟期（从优秀教师成长为学科带头人，11—15年），这一阶段的教师能完全胜任教育教学工作，具有较好的认知结构，具备了丰富的教学经验，教学功底深厚，工作上驾轻就熟，形成了鲜明的教学个性与风格，在一定范围内具有知名度，教育科研能力很强。第四，成名期（学者型名师，15年以上），处于这一时期的教师有着突出的办学业绩和丰硕的教学科研成果，在社会上的影响力和知名度很高，是专家型、学者型教师，只有极少数教师能走到这一阶段。以上4个时期是成为一名优秀教师必须经历的过程，在这一过程中，教师会不可避免地面临不同的困惑与挑战，从而不断经历思想淬炼、实践锻炼、专业训练，最终实现自我价值。

　　我在成长过程中也经历了很多困惑与挑战。25年前，我投身于乡村学校，那时学校条件十分艰苦，校舍极为破旧简陋，教学器材短缺，发到手里的只有一本物理课本。我报到的第一天就被任命为物理教师兼班主任，没想到这两个身份一直伴随了我25年。"怎么给一群十几岁的孩子当好班主任呢？怎么开展教学呢？"刚刚大学毕业、毫无教学经验的我一无所知，开展各项工作完全是摸着石头过河。孔子说："三人行，必有我师焉。"所以我拜了一名教学经验丰富的老教师为师父，认真学习他怎样管理班级、怎样备课、怎样上课，从课本的哪个知识点讲，用了什么例子，怎样讲通了原理，怎样提问学生，如何引导学生思考，就这样学习了一周我才上讲台正式讲课。在教学中，我仔细研究教材，把每一条原理换成通俗易懂的语言，把知识点和日常生活联系起来，让学生通过生活现象来感知知识、学习知识，或者利用身边的物品自制实验器材，引起学生兴趣的同时让他们印象深刻。例如，在讲解光的直线传播时学生不好理解，我就在大的可乐瓶一侧钻孔，将纸点燃在瓶内制造烟雾，用激光笔照射，光路清晰可见；在给学生讲潜水艇的原理，由于实验室没有物理器材，学生们怎么都不太明白，我就利用眼药水瓶和矿泉水瓶自制了一个潜水器模型（该模型还获省创新实验大赛二等奖）；再如在讲解流体压强与流速的关系时，我用塑料软管和一些细小彩色纸屑，做了一个"天女散花"实验，通过形象直观地演示，孩子们惊呼之余深刻理解了这一知识点。这些实验不仅加深了孩子们对知识的理解，更激发了他们对知识的渴求和自己动手的愿望。由于没有经费、没有资源，我就动员孩子们自己动手做器材，利用生活中的物品制作了大量的实验器材，如万花筒、望远镜、温度计、自吸喷泉等，莱芜区全体物理教师还在我校进行了现场观摩。种种创新为我后来在省市科技创新大赛中连续获得较好等次以及在全国中学应用物理知识竞赛多年获得全国一、二等奖做好了基础准备。这也激励我进一步坚定了要始终坚持刻苦钻研业务，研究教材教法的信念。

毕业后的几年是我的迷茫困惑期，虽然我的教学成绩在全镇一直名列前茅，但每次在市区的优质课评选、教学能手评选等活动中，我一直局限在乡镇中得不到更高的提升，对此我深刻地反思了自己，认真找寻原因，归根结底还是自己的课堂技巧有问题，自己的基本功不够扎实。20多年前，电脑、手机等电子产品还没有推广普及，不能从网上学习很多专家或优秀教师的课例，我就向学校申请，只要有允许参加观摩的各种优质课评选类的活动，我都去参加。在现场我认真学习那些优秀教师的课堂教学，回来就反复揣摩学习。功夫不负有心人，几年后我先后获得区物理教学能手、学科带头人等荣誉。

工作了3年以后，我就开始负责五四制毕业班的物理教学。在教学中我逐渐发现，因为教师教育理念和教育风格的不同，学生知识体系的衔接不顺畅，很多学生没有打好基础，很难适应紧张的毕业班课程，如果能够在学校打造一支专业的物理团队，这些问题都能迎刃而解。正是这个朦胧的想法启发我平时储备素材勤做反思，在工作生活中注重和物理同行的沟通交流以及构建和谐的同事关系。我开始陆陆续续写教学反思，因为感觉课堂教学总不能做到尽善尽美，会有很多遗憾，就把这些遗憾记录下来并完善改进我的课堂教学质量。后来这一做法渐渐形成习惯，而这一习惯帮助我加深了对教材内容的深入理解以及对学生认知的准确把握，同时，这一习惯也为我积累了丰富的研究案例，成为后期师资培训中传帮带的好素材。

2010年我校提出"教评研一体化"的教研方式，即上课、评课、研究的一体化实施。每次教研活动都基于课题研究内容确定主题，活动形式由上课、评课、撰写案例反思三步组成。上课为同一教研组的两个备课组进行同题异构，课后由执教者说课、听课教师围绕主题进行评课，评课活动结束后，每个教师将各自在整个活动过程中的所思所想所获形成文字再进行交流。"教评研一体化"的实施，不仅帮助教师积累了丰富的案例反思写作素材，更帮助他们形成了研究的意识，提升了研究的能力。我们成立的课题研究，安排在每周三下午的物理教研课，教师把在日常教学过程中遇到的困惑、不解或是感兴趣的问题提出来，并将此作为学期研究的课题，鼓励教师通过学习、实践、思考，解决问题。我们讨论制定了各种课型的上课模式。我校苏忠银老师，短短几年成长为莱芜青年骨干教师，其成长密码就是小课题研究。因为小课题研究，他写出了一篇又一篇有质量的论文，设计了一节又一节视角独特的公开课，迅速成长为优秀教师，获得区学科带头人、教学工作先进个人、优秀班主任等荣誉，主持的多项省、市课题顺利结题。如果说教学反思是课堂教学后的自由思考，反思内容相对宽泛，那么小课题研究就显得聚焦，需要在一定范围之内去思考和研究，虽然范围相对狭窄，但有利于思考的深入。

2019年1月15日，济南莱芜区划调整结束以后，中小学教育同样面临深度融合的问题。原莱芜地区是五四制，济南是六三制；莱芜初中物理学习内容多、考试难度大，济南考试内容少、考试简单。如何在过渡期内适应济南初中物理教学的模式，推动全区物理与济南的融合探究及课改工作，是作为区兼职教研员的我不可推卸的重要任务。于是我开始积极研究济南学考、研究济南考试纲要与新课程标准，从中找到济南学考的特点、形式及考点分布与课程标准的要求上的联系，特别是对近两年莱芜地区与济南原学考的区别及变化，做了细致的研究与分析，将近几年济南学考进行了分类汇编，具体到每章每节都考了哪些知识，每个知识点的考法及出现的频率、难易程度等。在具体教学中做到心中有数，精准施教，在双减形势下，精心设计课时作业、单元作业及专题作业等，使学生用最少的时间有最大的收获。济莱融合后，2020年、2021年我连续两年参与济南中考阅卷工作，对济南学考及中考答卷的注意事项、济南中考试题及课程标准有了更透彻的研究；连续多年参与莱芜区的学考模拟命题、年级期末考试命题等；连续多年对莱芜区教师进行学考命题、考试试题分析等各类培训活动；多次在全区提供不同类型的公开课，算为全区物理成绩的提升尽了绵薄之力。

回顾我的成长历程，我认为让一名教师从优秀走向卓越，做好内功是前提，还要不断涵养教育情怀，淬炼专业技能，做课题勤反思，提升综合素养；要让一群教师从优秀走向卓越，借助外力很关键，要塑造充满人文关怀的教育环境和搭建教学研究培训平台。

一、涵养教育情怀

（一）成为名师，要"把整个心灵献给孩子"

爱的品质是教师最鲜明的职业素养。苏霍姆林斯基说，要"把整个心灵献给孩子"，"没有爱就没有教育"。一名优秀教师之所以在教育工作中能做出卓著的成绩，无一不是以爱作为教育的前提和基石。乡村教育是现在社会最为关注的课题：留守儿童多，家长对孩子教育的不重视等现象，使现在农村教育质量越来越让人担忧。成绩非常弱的学生，厌学的、偏科严重的学生比比皆是。对于"后进生"的管理教学，是教学中的重中之重，不放弃任何一个学生是成绩提高的关键。工作25年，我担任了25年的班主任，班级成绩一直名列前茅，年年被评为先进班集体，究其原因，关键在于尊重学生，善于发现他们的长处、展示学生的才能、发展他们的个性，抓住每一个教育良机，适时表扬、鼓励，体贴"后进生"，不让"后进生"成为掉队的"孤雁"；优化班级文化环境，促进学生综合素质的全面发展。

（二）成为名师，要有迫切的发展内需，明晰职业愿景

教师自我成长的内在需要实实在在地影响着他的信念、情感、心境和态度。优秀教师都有着强烈的事业心和责任感、崇高的奉献精神和顽强的意志

品质，更有永不满足、终身学习、不断进取的精神。他们把工作当作一份事业来干，融进了自己的理想和信念，对学生充满爱心，对自己对社会有强烈的责任感，这是他们稳定而持久的发展动力。"时代楷模"张桂梅、"人民教育家"于漪等名师的教育教学经历与所取得的巨大成功有很强的示范性和引领性，通过对她们的学习，更多的教师获得了前进的动力。

（三）成为名师，要有执着的教育追求，逐步践行职业规划

有很多老师初为人师时，对教育事业充满激情，积极进取，但在现实的消磨下，热情减退，活力不再，甚至会因为某些挫折，丧失目标。只有耐得住寂寞、经得起挫折才有可能成长为名师。而执着追求需建立在对自我的认知以及在认识自己后的准确定位，从工作开始就要结合教师成长的4个时期制定年度目标和长远规划，既要防止好高骛远还要防止得过且过。

（四）成为名师，要有强烈的使命担当，保持锐意进取之志

每位名师的成长都在课堂，每位名师的成名都在于成功破解某个现实问题。魏书生老师在《班主任工作漫谈》中说道："埋怨环境不好，常常是我们自己不好；埋怨别人太狭隘，常常是我们自己不豁达；埋怨天气太恶劣，常常是我们抵抗力太弱；埋怨学生难教育，常常是我们自己方法少。人不能要求环境适应自己，只能让自己适应环境。只有先适应环境，才能改变环境。"直面问题，积极应对，成功破解，是名师成长的关键。

从我报考师范专业的那一刻起，我就坚定了自己的职业操守和教育信仰，绝不简单地把教师职业当成谋生的手段。我深刻地体会到，中学阶段是人的一生中最有活力和潜能的，又是学习压力极大、性格极不稳定的特殊阶段，中学教师的作用不只是影响学生发展的这一阶段，而是陪孩子走了4年的路能"扶上马送一程"帮助他们奔赴更广阔的舞台。因此，教师要做好教书育人本业，必须懂得教育规律，知道怎样通过教育实践来达到教育目的。中学教育工作非常细致烦琐，压力大节奏快，很容易使教师产生职业倦怠，专业成长的生命力缺乏持续的动力，才会有人产生混日子的生活态度，这既是对学生的伤害，也是对自己专业成长的不负责任。所以，教师要不断涵养教育情怀，多读教育经典，通过学习教育理论润泽心灵，提升对教育职业的责任感，向致力于教育事业的老同事和教育楷模学习，从他们默默奉献中汲取道德情怀。

二、淬炼专业技能

（一）参加培训，启迪教育智慧

物理教师的专业成长也应遵从教师专业成长的内在连续性原则，这必然是一个不断学习、不断实践、不断反思的过程。尤其是近10年来我参加数十次骨干教师或名师师资培训，通过现场观摩和专家的精彩分享，促进了我从第一次成长到第二次成长的跨越。专家在报告中给我们提出专业化成长的期望，尤其在指导我们做一个反思型、研究型教师方面，指明发展的道路和实践的途径，教我们怎样去进行课题研究和论文撰写。如张军鹏教授的《中学物理教学中的科研问题》对我这个长期想研究又缺乏必要的指导的人来说可谓是雪中送炭。专家给予我的指导既是有形的，也是无形的，但给我带来的影响是深远的，使我更坚定了走专业化发展道路的决心和信心。

（二）坚持阅读，练好研究功夫

优秀教师都有良好的阅读习惯，读书可以接触更多的新事物、新理念，触发更多的思考，不断更新自身的知识结构，逐步形成了适应教育、社会发展的可持续发展的能力，促进专业化素养的更高提升。我对物理专业研读大体分为两个方向：一是对中学物理教师成长规律的学习，我先后学习了浙江省著名物理特级教师吴家澍老师关于教师的三项修炼，李海林老师的二次成长理论，以及关于中学物理教师成长规律探索的课题报告、硕博论文，例如高忠明的博士论文《中学初任物理教师专业研究》、孟凡森的硕士论文《中学优秀物理教师成长的叙事研究》等，在学习中我逐渐摸清了教师成长规律。二是物理专业知识的学习，阅读一些物理教学理论著作和期刊，例如《物理教师》《中学物理教学参考》《物理教学探讨》《中学物理》《物理周刊》《物理教学》《物理天地》《数理化天地》等；经常使用资料网，如学科网（学校统一购买供老师们使用）、正确云、21世纪教育网等，也使用知名有用的物理网站，例如丁玉祥物理网、物易天空、物理教研、人教社中学物理等，这些都是我学习的好途径。

（三）勤于观察，积累素材揣摩教法

不断积累教育研究的第一手资料是十分重要的。从教的25年是我当教师的25年又是当学生的25年。我始终保持乐于学习、虚心求教的精神，通过吸取先进的教学经验，认真总结教育教学规律。对我而言，教学研究没有上班下班的概念，更多的是充分利用时间，钻研教材，解读新课程标准，确立先进的教学理念。对物理素材的研究也没有课上课下的概念，时时处处发现生活中的物理和物理中的生活。看电视的时候我发现电视节目里的"反常识"，第二天就和学生们讨论；晚上散步的时候拍过彩虹桥在波光里的图片，在飞驰的火车上录过远去的风景、雨后的彩虹……朋友、学生也投我所好，经常给我发物理案例或者提出一些稀奇古怪的问题。正是基于对物理的热爱和深刻的自我反思，我凝聚教育智慧，形成了自己的教学风格。我经常鼓励孩子们通过自己的观察和实验去提出问题、发现规律或者验证规律。平时将学生分为各个学习小组，各组小组长即为各组的"小老师"，小组内其他同学也可以做"小老师"，人人都可以做，形成良性竞争机制，做好传帮带的作用，课堂教学用好"兵教兵"，课堂效果非常好。在我的课堂上，经常能看到我讲课时的激情澎湃和学生上讲台"我来讲"的踊跃还有物理实验课孩子们各执己见的面红耳赤的场景。这些使得课堂氛围越来越好，学生也积极投入，物理成绩有所提升。

三、研究课题提升认知

特级教师于永正认为："保持教育理性状态的前提是群体具有反思能力，而名师就是处于反思的'多震地带'。他们在反思宏观的教育，也在反思教育的细节；他们在反思历史，也在反思现在，尤其总在反思自己。名师是我们教育界反思状态的发动机——他们启发了我们。这便是名师的价值。"近年来，我国优秀教师的成长过程清楚地表明，实践反思模式是面向未来的教师教育基本模式，即实践+反思=教师成长。要重视信息收集与整理，努力把教学中存在的问题转化为研究课题。

　　近年来，我在课题研究方面也取得了一点成绩，主持的省课题《初中物理课程资源的开发与应用研究》顺利结题，并获省教科研成果二等奖；主持的区重点课题《初中物理与生活资源的开发应用研究》已结题；参与的省课题《初中物理"高效课堂"教学策略研究》、省课题《初中物理提出问题能力的研究》、区课题《农村初中生学习流程的改造和研究》、区课题《自主学习，主动质疑，合作探究教学法研究》均已结题。

　　物理教育课题研究的内容分布很广，课题的来源途径也很多。具体来说，一是在自己的教育教学实践中发现问题；二是向有关物理教育专家请教当前学科发展的现状和研究的热点；三是通过查阅文献，发现有关问题；四是参加学术会议，在学术交流中找到自己感兴趣的课题；五是向社会了解人们对物理教育改革的要求产生课题。实际上，学生的作业、上课时对问题的回答、言谈举止、考试情况、阅读课外物理读物的情况等，都是课题研究所需的重要信息。教师要善于从那些"习以为常"的现象中分析出规律性的东西。

　　要善于积累工作中思维的火花，不断强化成果意识，做一个思考型的老师。有时思维的火花会在你入睡后的那一瞬间，或者是在你醒来的那一时刻，有时甚至是在凌晨乃至你的睡梦中闪亮，随身带一本记事本和一支铅笔，迅速记录下你思维的火花，这有助于你自身的提高。经常将教学中的感悟、反思以及学生对一些问题的新想法记录下来，定期整理，形成论文。撰写研究论文或报告也是这一阶段的重要工作，它是对课题研究的成果、过程和解释等内容的综合陈述。只有言语明确、科学、有说服力的研究论文或报告，才能有效地与他人交流，才能使本课题研究的成果得以普及和推广。

　　要通过研究课题提升自我认知，发掘现象背后的规律，逐步深化教学活动，由实践到理论，由理论到实践，逐步深化这一过程。

四、人文关怀和平台建设是老师成长行稳致远的根本

　　优秀教师的成长离不开和谐的环境。我所在的寨里中学是一所农村中学，学校周边地区以种植业为主，民风淳朴，尊师重教的传统非常浓厚。多

年来，从镇政府到学校和家长都给予了教师极大的信任和尊重，尤其2021年国庆节期间，正值秋收农忙时节，很多家长自发到校参加"庆国庆颂党恩"活动和孩子们共同升国旗，这让所有老师极为感动也倍加鼓舞，更加坚定了振兴农村教育的信心。

近年来，国家加大了对农村中学的专项投入，积极建设标准化教室、标准化操场、标准化实验室，从校舍条件到软件设施和城市中学相比也毫不逊色。我校在周生永校长的带领下，建立了物理研究活动室，有了独立工作室。学校关心青年教师的成长，给教师提供参加各种培训和竞赛的机会，各种有实效性的培训、名师论坛、示范课、教学评优、论文评比、说课大赛等活动也有秩序地推进。对教师的人文关怀和平台建设是老师成长行稳致远的根本，这样能让年轻教师沉下心扎扎实实做好专业教学研究，才能久久为功做好专业团队建设，才能让农村学校留得住人，为乡村振兴延续文化血脉。

名师简介：

李万海，高级教师，济南市莱芜区寨里中学物理教师。多次获得原莱芜市学科带头人、教学能手、教科研先进个人、班主任先进个人等荣誉，获得2019年、2021年度济南市优秀教师荣誉称号。主持、参与省市级课题6项，多次对莱芜区物理教师进行培训讲座。

潜心为教学　真情育桃李
——做平凡又幸福的老师

莱州市教学研究室　秦　静

因为有对教师职业的挚爱,所以我幸福地走在教书育人的道路上。用心做好平凡事、用爱导航多沟通、自我提升多学习、服务他人共教研,做有真爱、有收获、有梦想的教师,是我不断追求的目标。

泰戈尔说过:"果实的事业是伟大的,花的事业是甜美的,叶的事业是平凡的。"我自喻为一片平凡的绿叶,在教育的阳光下进行着光合作用,酝酿着花,孕育着果,在春来秋去、寒暑交替之中耕耘、收获。

当一名教师是我儿时的梦想。父母都是普通的人民教师,我很小就跟随他们在校园里徜徉,喜欢学校宁静的环境,喜欢校园的洁净,喜欢下课时学生开心地嬉戏,喜欢学生对老师的那份尊敬。所以,高考前,当其他同学拿着厚厚的、复杂的高考填报指南,绞尽脑汁想前程的时候,我直接对父母说:"我的志愿是报考师范。"父母也都支持我的选择,于是我的人生就这样扎根在教育的土地上。

对我来讲,做老师是一件很快乐的事情。在工作中,我不断地感受着教师的角色给我带来的幸福。

一、作为一名任课教师：用心做好平凡事，积极学习勤探寻，做有收获的幸福老师

决心当一名老师是受父母的影响，决定当什么样的老师，是根据我当时心目中的偶像落笔的。我的高中物理老师年轻漂亮，责任心很强。印象中深刻的一幕：有同学因误课借物理老师的备课笔记学习，当看到老师的笔记我内心惊呼，被她细致的内容、整齐的书写、规矩的电路图、彩色的注释而折服，被她笔记中折射的对教育的热爱而打动！我既羡慕又崇拜，于是，报考专业毫不犹豫地选择了物理教育，而在教学的道路上，我对于物理教学的热情是有增无减的。

我喜欢教物理，也希望我的学生喜欢学物理。在平时的教学过程中，我总会来点幽默、加点趣味、放手民主、崇尚自主，提高学生课堂学习力，让学生积极参与到物理课堂来。

在学校任教物理的22年，我有19年任教毕业班。每年学期开始，毕业班的学生不仅对课业既好奇又恐惧，对老师也不熟悉。面临毕业班的任务紧、课业重、学生陌生等形势，我认为上好第一节课非常关键。在第一节课上，我除了简单介绍框架结构，使学生对接下来的学习计划有大体了解，更多的是跟学生进行深度的交流。首先我进行自我介绍："我姓秦，秦始皇的秦，如果你硬是说是秦桧的秦，我也没有意见。"此时，学生们见到陌生老师的紧张表情唰的一下解冻了，露出微笑来。接着介绍说："从今天开始由我和大家一起来学习初四的物理，需要提醒大家的第一点：我只是大家学习的陪伴者、指导者，有问题不明白尽管问，但我只起帮助作用，不起学习的'保姆'作用。"这时候学生的脸上会微荡笑意。然后，让学生进行自我介绍、谈自己对生活中物理的接触与认识、讲自己对物理的爱与愁，一节课，我逐渐走进学生的内心，也拉近物理与学生的距离。

平时与学生的交流是轻松愉快的，但对于引领学生怎样学习物理，我需要很用心、很认真地准备。物理学习，既有数学的计算，也有语文的阅读，还有生活的常识，更要有物理独特的思维……可以说是综合多项内容，含义丰富。课程标准提倡"以学生发展为本""强调科学探究过程"的课程理念，

既要重视基本知识和基本技能，又要重视知识、技能的形成过程，注重发展学生的能力。让学生亲历以探究为主的学习活动，是学生学习物理的主要途径，不仅可以使学生体验到探究的乐趣，还可以使其形成正确的思维方式，培养发现、分析和解决问题的能力，形成物理学科的核心素养。因此，教学中我常从以下几个方面积极研究。

1. 引课设疑诱思

德国教育家第斯多惠指出："教学的艺术不在于传授本领，而在于激励、唤醒、鼓舞。"良好的课堂开端，必会先入为主，先声夺人，引起学生关注，使学生迫切想知道、想探究，教学气氛自然活跃，教学也就容易进入佳境。当然设疑要注意选择适当的时机，好的课前设疑犹如磁铁吸铁一样，能牢牢吸引学生的注意力，把学生带入新课的情境中。采用承旧启新、悬念设置、实验演示、趣味故事等方法，创设新、奇、趣的各种情境，激发学生的学习兴趣和求知欲望。

物理是一门以实验为基础的学科，实验引入新课是很常用的一种方式。例如，学习"流体压强与流速关系"的时候，经常会用这样的实验引入新课：一个漏斗，口朝下，口处放置一个乒乓球，松手后乒乓球会怎样？学生当然都知道会掉下去。如果向漏斗管中吹气，松手后乒乓球又会怎样呢？这时学生们往往会想到：肯定是会冲出去。可是当我们来实验一下的话，结果却意想不到。当学生看到乒乓球不仅不会冲出去，反而在管口不掉落时，满脸的惊奇表情、急切的求知欲望让一节课生动了起来。

物理学阐述的是万物之道理，与生活紧密相连。所以，引课时用生活实例来设疑，既贴近生活，又生动有趣。如在讲"压强"一节课时，我用鸡蛋作为切入口："这是今天早上在餐厅发现有一个同学没有吃鸡蛋，为保证营养和不浪费，我没有扔掉，而是拿回来了。"我边说边装作不小心将鸡蛋掉在地上。在同学们惊呼之时，我从容地弯腰捡起完整的鸡蛋。接着，又是一片惊奇声。此时质疑正是时候：鸡蛋为什么没有碎？在学生此起彼伏的猜想中，我从地上拿起提前放好的棉垫，学生恍然大悟，由此进入新课环节。

这样的实例举不胜举：2010年在省优质课《凸透镜成像规律》的讲课

中，我利用灯塔通过凸透镜成像，让学生思维"活"起来、实验动起来，起到了很好的效果。

2. 发现引领广思

在课堂教学中，不做以教师为中心的"一言堂"和"满堂灌"，在"引"和"导"上下功夫。我曾尝试用许多方法来调动学生的学习兴趣。

比如，用生动的语言，在课堂上把学生的耳朵"抓"住；用身边的实例，让学生感受到生活中处处有物理；时不时来点小奖励，激励学生学习。有时看到比我高出一头的大男生拿着奖励的棒棒糖高兴的样子，我也会忍不住笑起来。就这样，许多学生愿意与我谈心论题，共游物理世界。

但教学中我常感觉，语言的作用经常是一时的，奖励也只是少数学生的专属，这些能激发部分学生的兴趣，但方式方法仅限于表层。后来我逐渐明白，引领学生用心发现更具有激发物理学习兴趣的方法。

一次，在学习"磁现象"这节课前，我让同学们寻找自己身边的磁体，在课堂上进行展示，磁体有条形、柱形、环形还有球形、椭圆形，各式各样。在学习交流环节，带来球形磁体的同学提出了一个问题：球形磁铁的磁极在什么位置？哪里是南、北极？

对于学生提出的问题，我没有直接给出答案，而是把解答的任务放手给同学们："这个问题很新鲜，请同学们考虑，哪位同学能解开球形磁体磁极位置之谜？"同学们讨论起来，却一下子答不上来，于是我鼓励同学们小组研究，拿磁体亲手实验，同学们对此总是情绪高涨的。看他们的设计有：用针作支架，用绳悬吊的方法首先被排除；有位同学把球形磁体放在铁屑中，试图看到哪个位置吸引铁屑最多，结果因为磁球较小，拿出来的磁球像个团在一起的刺猬，同学们哈哈大笑，他并没有看出来。有位同学拿着球靠近小磁针，左转右转，根据磁针的偏转情况也难以判定球体磁极的确切位置，一时间教室里又静了下来。

我环顾教室，发现小霖意欲有所行动。我向他点了点头，他犹豫着走上了讲台，将磁球在平整光滑的讲台上转了转，停下后又转了一次，想了想，又看了我一眼，我微笑着又向他点了点头，他顿了顿，大声说："靠南边的一端是南极，北边的一端是北极。"同学们质疑声一片。我示意安静后，请小霖解释。他说："虽然不能用支架，不能悬挂，但是它很光滑，可以在水平面上自由地转动，根据磁极的概念，就直接判断出来了！"教室里"啊"声、赞声一片，同学们叹服他的方法之简单。这时提出问题的同学，拿着另一个磁球疾步走了上来，将两个磁球一靠近，"啪"的一声吸到了一起，他举起来俩球兴奋地说："靠在一起的位置就应该是磁极吧，刚才怎么没想到！"被他这么一说，同学们也开窍了，另一个同学拿起条形磁体的N极去靠近一个磁球，磁球被吸住了，这时同学们都清楚了，被吸引的位置就是S极。

发现也是能力，观察也激兴趣，孔子曰："知之者不如好之者，好之者不如乐之者。"只有兴趣才会产生无穷的渴望和勇往直前的热情。美国心理学家布鲁纳认为，要培养具有发明创造才能的科技人才，不但要使学生掌握学科的基本概念、基本原理，还要发展学生对待学习的探索性态度，大力提倡使用发现法，以培养学生提出问题、解决问题的能力和端正其创造发明的态度，这些都在潜移默化地培养学生物理素养。教学中，要保护学生观察和发现的积极性，引导学生在询问和体验中发现世界，使学生拥有一双善于发现的眼睛，这样才会调动学生积极、主动地参与到教学过程中，让物理课堂深深地吸引住学生。

3. 实验启发深思

物理实验是物理教学的重要组成部分，它对学生建立概念、巩固知识、培养能力、发展智力起着十分重要的作用。一个实验往往包含多个知识点，要抓住实验过程中产生的各种现象及时引发有关问题，启发学生多角度思考。例如，在学习"额定功率和实际功率"时，可这样设计问题：教师问100瓦的灯泡亮还是40瓦的灯泡亮？学生答当然是100瓦的灯泡亮。教师将"200伏100瓦"和"220伏40瓦"两灯泡串联接入220伏的电源中演示，结果是100瓦的灯泡反而比40瓦的灯泡暗得多。这一出乎意料的事实使学生们产生疑问；再把两只灯泡并联接入电路中，这时才是100瓦的灯泡会更亮。这样利用实验展开学生的思维，向知识的更深层次进军。

4.触类旁通巧思

在激发学生勤于思考的同时，还须培养学生善于思考。"苦思冥想"固然需要，但"巧思"两字不可少。"熟能生巧"，学生对所学知识融会贯通是巧思的基础，而教师也应不失时机，通过典型的实例经常给学生介绍一些解题的方法和技巧，如估算法、守恒法、差量法、极值法、讨论法，然后有针对性地汇编一些习题让学生在亲身实践中寻求变通，悟出其中的来龙去脉，掌握科学的解题法则，那么，"触类旁通"的"巧思"也一定会顺其自然而产生。只有让学生的思维在"巧"字上下功夫，才能取得"事半功倍"的效果。

教学能力的提高需要将功夫用在平日，呈现出好的课堂是经年累月的研究与积淀。华东师大叶澜教授评价一堂好课的标准是：第一，一堂好课应该是一堂有意义的课。第二，一堂好课应该是有效率的课。第三，一堂好课应该是有生成的课。要想上一节好课，绝非易事，必须有丰富的学识、足够的经验、灵活的应对能力，更应该着眼于学生的学什么、怎么学、学得怎么样。好的课堂是教师有章法地引领学生学习、师生共研同创的阵地，师为主导，生为主体，创意不断，自然流畅，和谐融洽，我想这应该是课堂的优质状态。

二、作为一名班主任：用爱导航多沟通，以诚相守得真情——做有真爱的幸福老师

有人说，做一辈子教师，如果没有当过班主任，就不能深入体会当老师的幸福。因为没有深入学生的内心，思考就少；不了解学生的苦恼，情感投入就少；情感投入少，获得众多学生的真爱就少。"教学相长"中，班主任在全面发展学生的同时，也更好地发展了自己。怎样才能收获幸福呢？曾经在班主任工作中，我是这样做的。

1.以诚取诚，诚信是班级管理的准绳。

一直以来我把"真诚、友爱、惜时、拼搏"作为班级格言。要求学生待人做事要诚实，考试成绩不理想可以努力学习及时弥补，但是绝对不能弄虚

作假；做错了事情实话实说，责任分明，但是找借口编理由、隐藏不说绝不放过。久而久之，班级有事情，学生总会主动告诉我，学生老师之间坦诚相待，真诚交往，形成了很好的班级风气。

小宁，父母常驻外地跟随石材场打工，节假日他住在叔叔家，为便于和父母联系，他一直带着手机。入学第一节班会后，他来找我，吞吞吐吐地说出了他家的情况，以及需要带手机上学的必要性。我打电话落实情况后，就让他每周把手机放在我这里，周末放学时我会及时还给他。不善言谈的他经常周一主动给我手机时，朝着我笑笑，我会询问一下他周末的情况。周末嘱咐他要注意安全，及时回叔叔家，认真写作业，有什么事可以给我打电话。

2011年冬天，我去长春参加长达15天的初中物理国培教育。中间的周末，有好多学生发信息给我：小哲说他感冒了在家打吊瓶；小东说我走的时候物理讲得太快，做练习时有很多没弄明白的；课代表小儒要我放心，同学们一起解决疑惑，学得很认真，我也回信息表示关心，以示鼓励。小宁的信息引起我的注意，他说："老师，我们都想你了，快回来吧！我都好几天晚上睡不好觉了。"开始我还挺美的，后来琢磨着不对劲，于是打电话边安慰他，边询问他过去一周同学们表现还好吗。他说："在教室里学习的时候都挺好的。"我一听，那肯定是宿舍里有问题了。直接问他："你宿舍里有什么事情吗？"他犹豫着告诉了我实情。

我真的很感动学生能这么相信我，只有彼此真诚，才会赢得信任，才能给学生创设安宁、平静、开心、轻松的学习生活。不论是生活还是工作中，我真切地体会到：一两重的真诚，胜过一吨的精明。

2.以爱博爱，爱心是班主任工作的基石。

全国劳动模范李素丽说过："认真做事只能把事情做对，用心做事才能把事情做好。"用心做事是一种态度，用心教育孩子是基于对学生无私的平等的爱。我们的学生有"权贵"之子，更不乏平民百姓的孩子。无论是谁我都坚持用宽容的心胸对待他，用更多的关爱引导他，帮助他们对生活、对家庭、对自己做出正确的选择。

（1）爱要心存感激，爱要满怀感恩

班主任是道德精神的陶铸者，文化知识的传授者，人生方向的指导者。班主任平时要具备观察能力、识别能力，要善于教育。在对待班级事务时有些事可以不较真，但关系到学生思想品质、对其发展不利的事件该管必须得管。

小瑞，分班时成绩很优秀，但是升级后表现很糟糕，作业不做不交，白天上课打盹。找他谈话，态度看似老实，但是却很不诚恳。与家长交流得知：父母早离异，随母再嫁，全家六口人，只靠继父在石材厂打磨石头挣钱养家。他继父说："升级考试考得很好，我使了使劲给他买了一个平板电脑奖励他。"

问题就在这里，白天上课翻着白眼控制不住地打瞌睡，晚上却是挂在游戏上。他的表现与家庭实际有一些不符。他漠视母亲对他的关爱，把继父给他的优待当成了应该！我让他看看身上名牌衣服，对比他母亲身上老式的羽绒服、继父脚上布满石粉的帆布鞋；让他想想他在课堂上打盹时，父母是怎样操劳的，当场他就落了泪。他深刻意识到自身的问题，下定决心改正，关注学习。爱是良知的表现，爱是心存感激，爱是满怀感恩，有了爱，小瑞改变了很多，最后以优异的成绩进入重点高中的奥赛班。

（2）爱可以很热烈，爱也可以很含蓄

班主任要正确引导学生。教育孩子有很多方法，我个人认为要做到"三个为主"：表扬为主、正面为主、谈心为主。当用的心在孩子身上发挥作用时，当孩子们感受到我们的爱并逐渐走向正轨时，我真是由衷地高兴。

小奕，聪明、心地善良，却不善言谈、懒散。看他不求上进，我很着急，就一周找他谈一次话。谈我心目中的高中，谈高中老师的优秀，谈如果考上奥赛班以后会怎样发展，谈今后要走怎样的人生道路。等中考成绩下来，当天晚上他给我发信息："老师，感谢您一年来对我坚持不懈的教育，没有你，我肯定考不上奥赛班，您也知道我不会说话，我就祝您以后不要再遇上我这样的学生，您就可以少操点心了。"看到信息我觉得付出再多，都是值得的。小奕给我的爱是含蓄的，好多学生的表现又会有不同的热烈。每每此刻，心里流淌的是满满的甜蜜。

（3）爱可能很短暂，更可能很长久

学生短暂的依赖也会让人暖融融，长久的师生情更如潺潺的流水，甘甜恒久。我任教的学校是寄宿学校，住校生父母不在身边，需要更多的安慰与鼓励。中考前常有学生说因为紧张晚上睡不好。中考期间的两个晚上，我都带着铺盖住到女生宿舍。夜晚蹑手蹑脚到各宿舍门前听一听、看一看，给睡不着的孩子揉揉脑袋、按压太冲穴，再悄悄离开，孩子说看见我心里就是踏实了，短暂的陪伴让孩子们心安。

在一个炎热的中午，我曾接到电话："猜猜我是谁？"我一听就说："小栋，还有一个星期就要高考了，中午不睡觉干什么打电话？"小栋是以前任教班级的课代表。

"哎呀，被你猜中了。怎么办老师，一个多月了，我每天都流鼻血，我都害怕了。"

"赶紧去医院看看吧"，我说。

"看了，没有什么大问题，说我可能是上火了，可是还每天都流，挺害怕的。"

我一听急了，让他多喝水，多吃水果、蔬菜，他说医生也这么说，他也照着做了，可是还不行，找我是因为心理压力大，想和我说说话。

我只能从心理上给他解压。知道因为家远，他在校园附近租房住，我嘱咐他吃饭注意营养。他说："我注意呀！因为流鼻血，妈妈还特意准备了红枣、桂圆，我天天吃。"听到这里，我扑哧笑了。他问："老师是笑我像坐月子的？"我说："笑是因为不用担心你了，你流鼻血，一是因为上火，二是因为营养过剩了，不能再补红枣、桂圆，巧克力也不能吃了，这些食物热量太大。""哎呀，这些我天天补！"他惊呼。

高考结束后，小栋的流鼻血问题慢慢地好了，现在在北京工作的他还常与我联系。爱是一种传递，当教师付出真情时，收获的必定是学生更多的爱！

在烟台参加培训时，有幸聆听了高金英老师的讲座，她说："人生有五大幸事，出生后遇到一对好父母，上学时遇到一位好老师，工作时遇到一位好师傅，成家时遇到一位好伴侣，晚年时遇到一个好子女。"高老师还呼吁每位老师、班主任一定要做一位好老师、好"老班"，做学生生命中的贵人！做"贵人"有些言重，教师所做的都是在与孩子们相处中的平凡事，但教育工作意味着一朵云推动另一朵云，一个灵魂唤醒另一个灵魂，教师日复一日付出的平等、尊重、理解，回报的必定是信任、尊敬、感激，必定收获带有青春气息的快乐和幸福！

三、作为一个教研员：自我提升多学习，服务他人共教研——做有追求的幸福老师

成为教研员，给我的工作带来新的挑战。本着"提升自我，服务他人"的精神，我勤恳教研、甘为人梯，为全市初中物理教学在新时代教育教研路上前进做着自己的努力。

1. 积极全面学习，坚持自我完善

从校园走进教研室，由普通的教师成为教研员，让我感觉到肩头的担子上不再仅仅是一个级部、几个班孩子的教学压力，而是全市几千上万个孩子物理教育的责任。因此，我有意识地提高学科修养，研究并把握学生发展的核心素养，引导物理教学不断地改革创新，努力运用先进的教学理念指导一线的教学工作。通过不断学习新的教育理念，转变学科育人思维，从传统的知识中心走出来，走向以学生发展为中心；从传统的学科教学中走出来，走向学科教育的新高度；从单纯地追求知识的逻辑跳出来，走向追求人的素养发展目标的完整实现。在学习的基础上不断反思教学实践中发现的种种现象，并在教育理论与实践之间架起桥梁。

2. 培养骨干教师，打造领军人才

全市初中物理教师有120多人，分布在32所学校，有设施前沿、团队强大的合作环境，也有设备落后、师资薄弱的教学条件，教师队伍年龄、教学能力水平差别层次较大。根据这些特点，每学期举办的全市教研活动致力于打造优质的课堂教学，准备各项教学专题讲座，为老师的学习教研、展示交流、水平

提升提供有效的服务。我们经常走进学校与教师进行集体教研，与老师面对面交流，平日与老师随时通过QQ、微信等方式沟通，借助优秀教研组的引领功能，发挥学科带头人、骨干教师的带动、辐射、示范作用，给青年教师创造成长展示的机会，努力打造一支莱州市初中物理学科的领军队伍。

担任教研员5年来，指导带领11名教师参加烟台市常规优质课、"互联网＋优质课"、"教学大比武"三次比赛，有7名教师获得烟台优质课奖，2名教师获大比武一等奖，其中有1名教师代表烟台地区在山东省初中物理新课程教学成果展示活动中进行课堂教学展示。当看到老师取得成绩时，我们由衷地为他们的努力和进步感到高兴。

3.开展课题研究，提高教研水平

工作中，调动广大教师积极参与课题实验研究，根据确定的课题研究项目以及教师建立的小课题项目，进行真实的过程体验，有效提升教科研品位，进一步促进物理教师的专业成长。主持烟台市教育科学"十三五"规划课题《初中物理实践教学中学生核心素养的培养策略研究》和"十三五"中小学学科课程专题课题《基于学科核心素养优化初中物理课程结构的策略研究》于2021年6月顺利结题。带领团队主持的烟台市教育科学"十四五"规划专项课题《基于深度学习的物理实验教学实践研究》于2021年2月成功立项。如今有幸加入省级初中物理名师工作坊，与智者为伍，与善者同行，更加坚定在今后教育教研的道路上努力前进的信心。

"每个人心里都有一亩田，每个人心中都有一个梦，一颗种子，是我心里的一亩田。用它来种什么？种桃种李种春风。"就像《梦田》中所唱的，做一名物理教师，培育甘甜桃李，是我今生一个不醒的幸福梦。

名师简介：

秦静，高级教师。曾获烟台市教学能手、烟台市教育教学先进个人、烟台市实验教学先进个人等荣誉称号；获得烟台市、山东省优质课一等奖；多次参与山东省、烟台市教育科学规划课题研究；论文曾刊登在《现代教育》《中学物理》。

寄语："用心做教育从每堂课做起"是我从教27年来从未改变的信念。我喜欢充满激情和活力的课堂教学，教师的激情和活力可以感染学生，激发学生的积极性和兴趣。精彩的课堂设计，可以吸引学生，可以挖掘学生内在的潜力和创造力，从而收到良好的课堂教学效果。

用心做教育　在挑战中提高

聊城市临清民族实验中学　许延霞

自参加工作以来，我就扎根一线，担任初中物理学科的教学工作，做过班主任、教研组长、备课组长，在工作过程中勤勤恳恳、兢兢业业，数十年如一日为教学工作发光发热。

一、自我介绍

我是1995年参加工作的，在我任教的这27年中，教学经历可以概括成12个字："积极参与，积累经验，不断收获。"积极参与各项教学活动，主动去做，在参与中获得经验和提升，在提高中获得成功和喜悦！2007年我开始担任班主任。半路接班两年，把"后进班"管理成优秀班，中考成绩学校评估第一，2010年担任年级主任。在学校领导的培养和老师们的帮助支持下，取得了成绩。2002年1月、2005年12月和2008年12月被学校评为"十佳教师"，2003年和2009年被评为临清市"优秀教师"，2003年10月被评为临清市"优秀备课组长"，2006年7月被评为临清市"优秀共产党员"，2007年9月被学校聘为"青蓝工程"指导教师，2007年12月被评为聊城市"十佳"青年教师，2008年9月被评为"临清名师"，2008年11月被评为山东省"优秀物理教师"，2008年12月评上中学高级教师，2012年9月获得"聊城市优秀教师"称号，2013年7月获得聊城市"十佳班主任"称号，2013年11月获得山东省"特级教师"的称号，2014年1月获得"临清市学校德育先进工作者"称号，2017年4月获得"市优秀青年工作者"称号，2017年12月获得聊城市首届初中微课大赛一等奖，2018年6月被评为聊城市教育系统"青年党员楷模"，2019年9月获得"临清市优秀教育工作者"称号。2013年8月任副校长之职。十分感谢所有在这过程中给予我帮助的人，称号并不代表现在，也不能囿于过去。我所获得的成绩是许多人教会我的，尤其是学生，师生之间相互成就。教育始终在路上。

二、专业成长感悟

1. 认准目标，执着追求。干一行，爱一行，专一行。

把教书当事业，视课堂为舞台，不断加强自身的职业道德和修养，认真学习先进的教育理念，端正态度，提高认识，终身学习，有为教育事业甘于奉献、不怕困难的勇气和信心。"干一行，爱一行，专一行"，是我对自己提出的严格要求；"要做就做最好"，是我的工作标准。所以从参加工作到现在，只要是我承担的教学任务，不管是管理班级，讲课，还是编写教材，编写试题，指导青年教师工作等，我都怀着一颗精益求精的心把它做好。虽然有时很辛苦，但是经常想既然选择了教师这一行业我就应该热爱自己的工作，乐享其中。

2. 抓住机遇在挑战中提高！

在我教学的20多年里，有风有雨，有喜有泪，当然更有收获！但我记忆犹新的是5个"第一次"，至今印象深刻。这5个"第一次"，为我的成长奠定了扎实的基础。

（1）第一次学校公开课：1997年我担任初二下学期的教学工作，虽然教学评估是二等奖，但由于是新手，又是非物理专业，就没有跟着学生教初三，接着教的初二，当时接的还是两个班。又到升初三时，由于上次没有送初三，有些遗憾，所以这次积极向校长争取，教了初三，经过自己的不懈努力，最后教学评估竟然是一等奖，我感到很意外，学校领导也感到很惊讶。领导认为我还有潜力，可以培养。于是，1999年分管校长对我说，准备一节公开课，面向全校理化生的老师，当然其他学科的老师也可以去听。我听了之后诚惶诚恐，顾虑很多，毕竟我很年轻，而且是非物理专业的老师，所以就直接说："别了，我又不是专业的，还是让专业老师张老师上吧，我现在只是学习阶段。"校长为了排除我的顾虑，只说了一句话："只是一节公开课嘛，不是观摩课，你顾虑什么啊？正因为你不是专业的，所以让专业老师来指导指导你，让你进步！"听到这，我的心才算平静下来，不再顾虑这顾虑那的，开始备课。当时没想其他，就按自己的思路，以及平常上课的教学方式做准备。一节课下来，嗓子哑了（可能两节连上，中间没休息没喝水的缘故）。但就第一次上公开课的结果来说，还是比较成功的，听课老师评价也不错。现在回忆起来，当时讲的是《平面镜成像》一节，按当时教学要求，应该把这节以演示实验为主的课，改成分组实验在实验室进行。最后学生板演练习题，我还记得当时让学生板演的是：根据平面镜成像特点做一个三角形状物体的像，虽然没有现在的自主探究式教学，但也能体现学生的参与性。我的课说好算不上，但作为一堂日常的教学，又没有多媒体，没有新课改的理念，听课老师评价总体还是比较成功的。

当时那节课后我的收获是：校长提出来的教学语言问题让我知道平常的课堂语言与公开课、观摩课的不同，不要太随意；一定要注意，"坐"与"请坐"，"你回答一下"与"请您回答一下"的不同，一定要在平常教学中形成习惯语言。到现在为止，我都注意这个细节，重视语言问题，从平常教学中就注意练习，形成习惯。

（2）第一次临清市优质课评选：那些年，我市经常有集体阅卷活动，学校、学科、班级都有排名，由于当时我的教学成绩出色，慢慢地引起教研室主任的注意。他认为我很年轻，普通话讲得还不错，可以锻炼锻炼，作为可发展教师去培养。这样，在参加2000年山东聊城地区举办优质课评选活动之前，临清市要先进行目标性筛选。教研室主任就鼓励我参加，而我当时没有优质课的这个概念，还以为跟讲学校公开课那样，也不用刻意准备。当时还没有多媒体，用的是投影仪，所以就简单备了课，准备了实验和一些投影资料。那一次，我的准备工作过于懈怠。由于时间紧迫，我一节课都没试，直接到我讲的时候，拿着器材和教学用具就去上课了。那时很年轻，也不知道害怕、紧张。记得当时讲的是《浮力》，我先复习前置，再列出目标和重点难点，接着引入，进行新课。刚做完演示实验，还没等到做反馈练习，就下课了，结果可想而知，以失败告终。可惜了！自己没有把握住这次很好的机会。

那次失败让我意识到了"打没有准备的仗"谁也不会赢，即使年轻，又很优秀。因为优质课评选活动是公开的，选手是可以随时听课的，通过几节课听课和反思，我发现自己还需要不断地学习，来提升自己的业务水平，同时教研员也提到了我的一个缺点：语言欠缺严密性。一节好课，语言上一定要准确无误，不能让评委找出一点知识性错误。这一点，我到现在也很注意，不管是讲公开课、观摩课，还是"送教下乡"活动，我都会请同学科的老师帮我找一找，是否还有语言不严密这类问题的存在。通过这样的锻炼，我逐渐改掉了语言方面的问题。

（3）第一次临清市教学能手评选：上面介绍了地区优质课前的"市筛选活动"中的失败，地区优质课评选活动肯定是没有参加。可到后来市里组织的优质课评选活动按计划如期举行了，我就积极反思了上次课的失败情况，认真全面地准备起来。功夫不负有心人，在市优质课评选活动中，凭借自己在教学过程中"不是单纯地讲授而是想尽办法调动学生积极性"这一优点脱颖而出，获得了优质课一等奖。（当时讲的是《杠杆》一节，我安排了学生分组探究实验，充分调动了学生的积极性。）虽然获了奖，但是我并没有被推选到地区去讲课，这说明自己的水平还很有限，还需要不断地学习和进取。经过两次课的尝试，我在教学改进的道路上迈出了一大步。到了2001年6月，临清市开始举办教学能手的评选活动。由于进度重合，刚好又是《杠杆》这节，我在前面优质课的基础上进一步改进，再加上科学的分组实验探究，很成功地获得了"临清市教学能手"的称号。到这里，前面的这些经历和经验，已经为我参加地区的教学能手评选活动打好了基础。（当时只推选两名教师去参加地区教学能手的评选，应该说机会是很难得的。）

在经过这些之后，我总结了一些参加优质课和教学能手评选活动的经验。要想讲一节好课，平时一定要积极参与听课、评课，虚心向同行请教教学方法，努力探索适合自己的教学模式，从而提高自己的教学水平。尤其是听地区、市组织的优质课和教学能手的评比课，对自己的教学促进会很大，它使我们能了解某个时段物理教学的动向和发展趋势。这样我们才能跟上教学改革的步伐，调整自己的思路，适应新课改的要求。

（4）第一次聊城地区教学能手评选：2001年11月，地区教学能手评选活动在莘县明天中学如期举行，课一旦上起来，该紧张的也不紧张了，我也描述不清当时的情况了，但课前的准备我记得很清楚。前一周给出了两个课题《光的反射》和《欧姆定律》，一周的准备时间。两个课件、两个教案，还要去试讲两个课题，对于从教物理5年的我，依旧是不小的挑战，而且精神上有些紧张。我先大概备了下课，然后请几位老师听了试讲的两节课。在试讲《欧姆定律》时，因该课没有实验，只是在前一节探究实验的基础上进行总结和延伸，所以我设计得比较简单。试讲过后，有听课老师认为，如果都这样讲，这节课确实没什么意思，也看不出水平的高低，想出彩不容易。《光的反射》这一节，有讲头，演示实验基本上都可以做，但是光源不好找。要想讲的有亮点、有特色，得找个好的强光源，把演示实验改成学生分组实验，这就看教学设计了。在一位老师的帮助下，我将手电筒做成强光源（手电筒的光，平行光很散，用稍厚的白纸剪一条缝隙，然后挡在灯泡前面），为了验证三线在一个平面上，又把两张贺年卡粘成一个能折叠的面。我不断地实验，不断地尝试。由于时间紧，课只试讲了一遍，我就忙着去找人制作课件。最后根据自己的想法终于把两个课件做好，但已经没有时间再试讲了，而且教案还没有印完（1个教案印150份，学校当时没有复印机，为了省钱，各出了一份，等抽完签后，在莘县只印了其中的一个教案150份）。课件、教案准备完毕，顾不上太多，我提着一大包器材，去了莘县。幸运的是抽的第一天第二节的《欧姆定律》，好讲，但不好出亮点。现在想来挺幸运，还好是《欧姆定律》，如果是《光的反射》一定会讲砸，因为分组实验都没试过，时间更不好掌控。找人制作的课件帮了大忙，虽然没做实验，但模拟实验的课件制作得比较精美、吸引人，并且我的操作比较熟练（好多老师的课件都是Flash格式，当时很先进，但由于制作人和授课人是两个人，课件操作都不熟练甚至不会操作，导致了讲课的失败），整节课相当顺利，学生配合得很好，气氛很活跃，参与度和积极性很高。讲完后，专家们的评价也很高。活动刚结束不久，就传来我被评为了"聊城市教学能手"的喜讯。

这次经历也为我2007年第二次参加聊城地区教学能手评选提了个醒：绝对不能出现不试讲成功就去地区讲课的情况，因为我们代表的不仅仅是我们自己，还代表了我们学校的形象！所以，2007年5月，在准备充分、试讲成功的基础上，我充满信心地去聊城六中讲完了《磁生电》一节。又一次获得了聊城市"教学能手"的称号。可见，创新的思维、充分的准备和扎实的基础相当重要。

我在成长中的反思有如下几点。

① 现在的教师一定要掌握现代科学技术，想出示一节好课，尤其要掌握多媒体运用、制作课件方面的知识要多学习，多掌握，多钻研这方面的知识和技能，多会一项技能只有好处，不能只依赖他人，毕竟设计课件时，自己最明白自己的意图，别人设计的不一定符合你的意思。我们要善于利用多媒体资源和数字化技术。

② 一定要做好充足的准备才上课，这样才会有信心，才能更好地驾驭课堂，更好地发挥自己的能力。

（5）第一次聊城市优质课评选：通过参加了几次大型的课堂展示活动、研讨活动和"送教下乡"活动等，我逐渐成熟起来，对课的讲法和设计也形成了适合自己的一套模式，教学越来越得心应手。在2008年举行的聊城市优质课评选活动中，我讲的是《光的折射》一节。我在实验上有了创新，对于光的折射，教过物理的都知道，实验不好做，比如光路不好显现，光的可逆性不好证明，于是我就用光滑的白板贴放在水槽一侧，让学生做实验观察由空气斜射入水中的光路，很明显。对于显现从水中斜射入空气中的实验，可以在刚才的基础上，在水槽内放一小平面镜，在白屏上看由空气斜射入水后，被平面镜反射后从水斜射入空气时的光路，也很明显。对于光路的可逆性，我用两只激光灯来展示：一只由空气斜射入玻璃砖，观察入射和折射出去的光线，再用另一只激光灯逆着刚才折射出来的光线射入，发现经玻璃砖折射后出去的光线与第一只激光灯的入射光线重合了，从而验证光折射现象中光路的可逆性。由于实验现象显现明显，巩固和攻克了本节课的难点，也让学生积极地参与其中，所以教学效果比较明显。这节课也顺利地被评为地区优质课一等奖。

还有2007年5月聊城市教学能手评选活动中《磁生电》的引入问题，大家千篇一律，为了增加课堂引入的亮点，我就设计了一个与众不同的演示实验：小型电动机通上电会转动，把电源去掉，想想如果让电动机转动（如用手转动它的轴）会出现什么情况呢？让学生猜想、尝试逆向思维（电动机转是否就会有电产生），并利用桌面器材动手做尝试实验。用一灵敏电流表验证是否有电产生，一下把学生的注意力吸引上来，引入就相当成功！

这两次的创新让我意识到在竞争激烈的今天，要想你的课吸引同行的眼球，必须得有一定的创新精神和创新能力。保守意识、固守成规是教学改革的绊脚石，我们必须得更新观念，参与到新的课程改革中去。积极地适应新课程；领悟新的教育观念；了解新的教育目标观、教师角色观、课程观、教学观、教材观和评价观；了解新课程对我们教师提出的新要求。不断反思和学习，使我们具备课程的参与能力、适应社会与学生发展知识需求的专业知识能力和指导学生学习的教育能力。

最后我想说，其实在挑战中有一颗平常心是很重要的。一次次这样的舞台都会让我们认识自己，提升自己，也丰富自己的教学人生。

3. 在理论中升华，在反思中提高。

我认为要想成为一名优秀教师，必须掌握相关的前沿教育理论，作为教师更应学会反思。自我反思是教师应具有的精神。作为教师，如果我们只是读书、教书，不写作、不反思、不梳理自己的成败得失，就不可能提升自己的教学理念。

叶澜教授说："一个教师写一辈子教案不一定成为名师，如果一个教师写三年反思，就有可能会成为名师。"当"反思"已越来越成为教师津津乐道的话题时，它已彰显出无穷的魅力。当一名教师能自觉地将教学中的点点滴滴以放电影式地回味反思，并用文字的形式记录时，可以毫不矫情地说，他已经成功了一半。我把自己在参评优质课、教学能手和平时教学中的教学经验不断反思、总结。2004年5月撰写的《创意创新　点燃思想的火花》获山东省优秀论文评选一等奖，2008年1月《给学生一片自主的天空》获市级论文评选一等奖并在当年4月山东省中学物理学科教学论文评选中获一等奖，2011年6月教科研成果论文《构建有生命力的物理课堂》获省优秀科研成果一等奖，2012年6月教科研成果论文《推进自主学习打造高效课堂》获优秀科研成果二等奖。公开发表的论文6篇：2011年1月《一类光的反射和折射混合题的解法》和2011年9月《从"我们身体含有多少热量"谈起》在《初中生辅导》上发表；2010年12月《浮力问题的类型与解答》和2011年2月《"伏安法"测电阻大变脸》分别在《少年素质教育报》第29期和32期上发表；2011年4月《电流、电压取值问题的突破》和2011年5月《"五招"帮你寻觅题中的隐含条件》分别在《育才报》第40期和47期发表。开展课题研究：2009年6月作为第一研究成员，《初中物理探究实验教学的评价研究》课题结题并获山东省教科研成果一等奖。2011年6月，主持的课题《物理课的教学与构建和谐师生关系的研究》结题并获聊城市优秀科研成果一等奖；2013年9月，主持的课题《初中物理高效课堂的研究》结题并获山东省优秀科研成果一等奖。

可能你要问我为什么工作干劲那么大？这个问题我也想过好多次。我想，我的力量应该是来自学校，来自我们充满朝气的教师伙伴们。在他们身上，我深刻领悟到了为人师者的内涵，我感受到了一种奉献精神的圣洁和伟岸。三尺讲台，有他们无尽的爱；同样，三尺讲台，也有我无尽的爱！

名师简介：

许延霞，高级教师，山东省特级教师，曾获山东省优秀物理教师、聊城市优秀教师、聊城市教学能手、聊城市"十佳"班主任、聊城市"十佳"青年教师、聊城市物理学科骨干教师、第二届"临清名师"等荣誉称号；公开发表的论文6篇，其中《一类光的反射和折射混合问题的解法》《从"我们身体含有多少热量"谈起》在《初中生辅导》发表。《"伏安法"测电阻大变脸》在《少年智力开发报》发表。主持的省课题《初中物理高效课堂的研究》结题并获山东省优秀科研成果一等奖，主持的市级课题《物理课的教学与构建和谐师生关系的研究》结题并获聊城市优秀科研成果一等奖。

寄语："三寸粉笔，三尺讲台系国运；一颗丹心，一生秉烛铸民魂。"教师承载着传播知识、传播思想、传播真理，塑造灵魂、塑造生命、塑造新人的时代重任。作为新时代的教师，无论年龄几何，学习成长——我们一直在路上！

成长之源

乐陵市第三中学　侯艳红

时光如白驹过隙，转眼间我已从一个刚走向教学岗位的"愣头青"成长为一个能轻松驾驭各种物理课型的山东省特级教师，并有幸成为由全国模范教师、国家人才工程教学名师领军人才李高建教授牵头的山东省特级教师工作坊的成员。回顾自己的成长历程，感觉主要受益于以下几个方面。

一、成长源于热爱

著名物理学家爱因斯坦曾说："兴趣和爱好是最好的老师。"我国古代的教育先贤孔子也说："知之者不如好之者，好之者不如乐之者。"瑞士儿童心理学家让·皮亚杰认为，一切有成效的工作都是以某种兴趣为先决条件。兴趣是人对客观事物所持的一种积极的心理倾向，它表现为人对某一事物所产生的好奇心和吸引力，这种好奇心和吸引力往往能促进人的思维发展，成为学习、工作和事业上的一种强大的内驱力。

我在儿时就特别崇拜教师，觉得教师是神圣的、无所不能的。参加工作后我深刻地认识到：教师是立国之石、兴教之源，是人成长路上的引路人，是社会进步的推动者；教师是一份神圣且重要的职业。

我特别喜欢和学生打交道，喜欢他们的纯真，喜欢他们积极向上的心态，喜欢他们求知若渴的眼神，喜欢他们阳光般的笑容，喜欢他们锲而不舍的坚持。

总之，儿时的崇拜和梦想激发了我对教书育人的兴趣，参加工作后对教师工作的重要性的认知和体会，以及对学生的喜爱让我非常热爱教师这份职业，并把它作为自己毕生的事业。

二、成长源于学习

学习让我如愿以偿地成为一名物理教师，让我在教书育人的路上不断地成长。鸟欲高飞先振翅，人欲上进先读书。参加工作后，我仍然在不断地学习，先后学习了《中学物理课堂教学方法大全》《思维教学》《听课、观课、评课的艺术》《因材施教的策略》《优秀教师的沟通技巧》《教师的评价艺术》等教育教学理论书籍和优秀刊物。另外，我积极参加省市县校组织的各级培训，通过聆听知名专家的报告，从中汲取了丰富的营养，及时了解了教育改革的新动态，及时更新自己的教育理念，调整自己的教学方法和策略。我还向身边有经验的优秀教师学习，通过观摩他们的课我学到了很多可操作的实际经验。比如，针对某个教学难点如何有效地突破，如何巧妙地处理好教学重点和教学难点的关系，如何恰当地评价学生的表现，面对学生的诸多问题怎么科学有效地处理。书籍的滋养、专家的引领和同行者的示范在我的成长中有着不可估量的作用。

三、成长源于终身学习

终身学习是时代发展的需要，是知识更新的需要，是学校发展的需要，是教师自身发展的需要；在知识经济时代，唯有终身学习，教师才能全面提高自己的综合素质。

教师终身学习的重要意义如下。

（一）终身学习是时代发展的需要

随着课程改革的深入、素质教育的全面推进，教师现有的文化知识、教育思想和教育理念、现代教育技术的运用等方面，已跟不上推进教育教学改革的需要。教师作为知识的传承者，如果自身不对知识进行更新，就无法完成这一使命。为了适应时代的需求，促进自己的发展，紧跟时代潮流，掌握教改动态，提高课堂效率，增长自己的见识，就必须树立终身学习理念，以适应时代的要求。

（二）终身学习是知识更新的需要

随着信息时代的到来，知识更新急剧加快，经济快速增长，科技日新月异，知识的累积与更新已不再像20世纪那样缓慢，往往每几年就是一个更替周期，教师那种"一朝学成、受用终身"的观点已经严重落后于时代发展。新的历史时期要求教师成为终身学习的实践者和示范者，成为先进生产力和先进文化发展的弘扬者和推动者。教师要进一步树立终身学习的观念，努力争做终身学习、勤奋学习的模范，不断地提高自身的素质，以适应现代的教育需要。

（三）终身学习是学校发展的需要

名师铸造名校，名校培养名师，这是一个辩证的科学发展观，要想成为名校，就必须拥有一支高素质的教师队伍，高质量的教师队伍应从学习中来。只要把学校放在办学激烈竞争的背景下，倾听广大学生家长对学生的培养心愿，展望学校教育发展的前景，我们就会深切感受到几种"特大的压力"：一是与周边学校竞争的压力大；二是自我发展特色压力大；三是提升竞争力压力大；四是教学优质化与实现学校可持续发展压力大。面对现实，我们要勇于"自我否定"，实现"自我超越"，正确看待已有的进步、成功和不足，增强危机感、责任感，从对学校、学生的发展负责，也对自己未来负责的角度，我们必须终身学习，成为教育发展的中流砥柱。

（四）终身学习是自身发展的需要

树立终身学习的观念，会使教师的人生变得更有意义。2022年9月7日，习近平总书记给北京师范大学"优师计划"师范生回信时勉励他们要努力成为党和人民满意的"四有"好老师。党的十九大报告指出，建设教育强国是中华民族伟大复兴的基础工程，必须把教育事业放在优先位置……学习贯彻党的十九大精神，办好新时代人民满意的教育，要把握好新时代教育的新使命，坚持教育自信，培养新时代的"四有"好老师。"四有"好老师是指有理想信念、有道德情操、有扎实学识、有仁爱之心的好老师。"四有"好老师不仅是有知识、有学问的人，而且是有道德、有理想、有专业追求的人；不仅是高起点的人，而且是终身学习、不断自我更新的人。置身于信息化时代的教师，犹如"逆水行舟，不进则退"。只有彻底克服墨守成规的思想，树立终身学习的观念，与时俱进，自觉地学习新知识、新技术，获取新信息，研究新问题，探索新方法，不断地充实自我、完善自我，才能适应时代的要求。

四、成长源于引领

教师的成长离不开身边优秀同行者的引领，离不开各级领导的引领，离不开教育教学专家的引领。朱玉楼老师兢兢业业、任劳任怨的工作态度，闫俊芹老师对教材的精准把握、对学情的精准预判，卞泉峰老师优秀的班级管理、学生管理能力，郑延岭老师的风趣幽默的教学风格，等等，身边这些优秀老师对我的成长起了很好的引领作用。早在2001年时，孙世生校长就开始带领我走上了课题研究的道路，使我在教科研方面不断成长。2010年，乐陵市物理教研员苑丕胜给我提供了可供参考的教科研选题方向，引领我确定了自己的省级课题研究主题。德州市教研室董玉秋主任、德州市物理教研员孔维华老师等对我的课堂教学提出了很多宝贵的指导意见。通过聆听国家基础教育课程教材专家工作委员会委员、教育部课题"中学物理课程标准研制"课题组负责人、西南大学物理学院廖伯芹教授关于研读物理新课标的报告，我深刻认识到了实施新课标的重要性，认识到物理新课标和物理旧教学大纲的区别，学会了如何通过关键词研读新课标，学会了如何实施新课标；通过聆听中国教育学会物理教学专业委员会副研究员唐伟教授所作的《物理科学探究的思考与实践》的报告，我学会了如何在课堂上进行有效的科学探究，学会了如何在课堂上实现新课程理念；通过聆听中国教育学会物理教学专业委员会常务理事、秘书长、学术委员会副主任、北京师范大学博士生导师李春密教授所作的《课例研究的理念与行动》的报告，我充分认识了课例研究的内涵，了解了教师进行课例研究的基本理念，学会了如何做课例研究；通过聆听黑龙江教育科学院教研中心金春兰主任所作的《教与学转型的实践智慧》的报告，我明白了教师如何进行教与学的转型；通过聆听教育部《物理课程标准》研制组核心成员、江西省物理教学专业委员会理事长、特级教师黄恕伯所作的《基于课程标准的物理作业与测验设计》的报告，我进一步明确了物理作业设计的基本原则、设计程序，学会了如何设计合理的开放性的练习题；通过聆听曲阜师范大学李新乡教授作作的《课堂观察的研究》的报告，我学会了如何利用课堂观察量表对物理课堂教学进行多视角多维度的观察等。总之，通过聆听教育教学专家的报告等方式，在他们的引领下我在许多方面得到了较快的成长。

五、成长源于研究

教师在实施教学的过程中会遇到各种各样的问题，把遇到的问题科学合理合法地解决了，就会得到进一步的成长。而要解决新的问题时，一个很好的途径就是进行研究。在学校领导的引领下，我自2001年便开始进行教育教学的研究。2001年9月至2004年3月参加了学校申报的山东省教育科学"十五"规划课题《初中合作教学的基本理论与实践研究》，并撰写了《浅谈合作教学对物理学困生转化的作用》。2010年6月申报的课题《初中物理导学案编写和使用的研究》经山东省教育科学规划领导小组审核通过，顺利结题。根据课题《初中物理导学案编写和使用的研究》第一阶段的研究所撰写的《初中物理导学案的编写原则》在《山东教育》2011年第3、4期（合刊）中发表。在此之后，参加了学校申报的教师科研基金"十二五"规划全国重点课题《单元目标导航下的自主课堂学习模式实践与研究》，所撰写的文章《课程整合下"物态变化"的复习》在《中学物理》2020年第1期中发表。我个人也在2013年被德州市教育局评为德州市创新教师，在2017年被德州市人民政府评为德州市有突出贡献的中青年专家。

六、成长源于高尚的师德

习近平总书记在关于"四有"好老师论述中指出：做好老师，要有道德情操。老师的人格力量和人格魅力是成功教育的重要条件。"师也者，教之以事而喻诸德者也。"老师对学生的影响，离不开老师的学识和能力，更离不开老师为人处世、于国于民、于公于私所持的价值观。一个老师如果在是非、曲直、善恶、义利、得失等方面老出问题，怎么能担起立德树人的责任？广大教师必须率先垂范、以身作则，引导和帮助学生把握好人生方向，特别是引导和帮助青少年学生"扣好人生的第一粒扣子"。

"师者，人之模范也。"教师的职业特性决定了教师必须是道德高尚的人群。合格的老师首先应该是道德上的合格者，好老师首先应该是以德施教、以德立身的楷模。"师者为师亦为范，学高为师，德高为范"，老师是学生道德修养的镜子。好老师应该取法乎上、见贤思齐，不断提高道德修养，提升人格品质，并把正确的道德观传授给学生。

师德是深厚的知识修养和文化品位的体现。师德需要教育培养，更需要老师自我修养。做一个高尚的人、纯粹的人、脱离了低级趣味的人，应该是每一个老师的不懈追求和行为常态。好老师要有"捧着一颗心来，不带半根草去"的奉献精神，自觉坚守精神家园、坚守人格底线，带头弘扬社会主义道德和中华传统美德，以自己的模范行为影响和带动学生。

七、成长源于勤奋

常言道："一分耕耘，一分收获。"只有付出辛勤的劳动，才会获得丰硕的成果，不劳而获的事情是不存在的。勤奋属于珍惜时间、爱惜光阴的人，属于脚踏实地、一丝不苟的人，属于坚持不懈、持之以恒的人，属于勇于探索、勇于创新的人。因为勤奋，安徒生从一个鞋匠的儿子成为"世界童话大王"；因为勤奋，巴尔扎克给人类留下了宝贵的文学遗产《人间喜剧》；还是因为勤奋，爱迪生才有了一千多项伟大的科学发明，爱因斯坦才得以创立震惊世界的相对论；中国古人也给我们留下了"悬梁刺股""凿壁偷光""囊萤映雪"的千古美谈。

八、成长源于机遇

在一个人的成长、发展过程中，其才能和素质的提高，需要某种"助推"的作用，这种"助推"的主要表现形式就是机遇，也就是说机遇可推动一个人的能力逐步提高。在我的成长历程中就遇到了很多很好的机遇。2013年6月我被推荐参加山东省2013年初中教师远程研修课程资源审核。同年10月被推荐参加"国培计划"——一线优秀教师培训技能提升项目研修（培训）；同年12月被推荐参加"山东省中小学万名骨干教师培训工程"——2013年中小学学科骨干教师高级研修项目培训；在此期间，我有幸作为指导老师指导初中物理研修二组的课例研究，开发了远程研修课例学习资源"科学探究：物质的密度"；2014年7月被聘为山东省中小学教师远程研修课程专家，指导全省初中物理教师远程研修；2015年8月被推荐为山东省中小学实验教学说课评比活动专家参与评价活动；2021年5月被推荐为德州学院论文答辩专家，指导2021届物理学毕业生论文答辩。通过参加这些活动，我的教学理念发生了新的变化，理论水平得到了提高，实践能力得到了很好的锻炼。

九、成长源于认可

在教师的成长过程中，学生的认可、领导的认可和社会的认可会有不可估量的作用。来自各方面的认可是对教师工作态度、工作能力、劳动付出、劳动成果的认同和赞扬，它会在教师身上产生积极的情绪和内驱力，会让教师体会到工作的幸福感，会增强教师的自信度，进而会更加努力地工作学习让自己更快地成长。

每到过节时，最高兴的事情之一就是接听到已毕业学生的问候电话、看到问候短信；每次上课后，最高兴的就是学生围着自己问个不停；每次考试后最高兴的是看到学生脸上洋溢着笑容。记得已毕业的学生中有一名叫张建的学生，他毕业离校前到我办公室给我鞠了一个标准的躬。当时作为一个将近10年教龄的青年教师的我流出了幸福的、欣慰的泪水，在那一刻，所有的辛劳、所有的疲惫、所有的负面情绪都化为泡影，心中只有满满的感动和成就感，当即我就下定决心今后一定要变得更优秀。

领导的认可对教师的成长的益处不言而喻，我不再赘述。社会认可是指社会对个体社会行为的肯定性反应，表现为舆论的肯定和支持，团体的赞许和表彰，他人的夸奖和仿效及各种表示支持和赞许的表情、姿态、语气等。在个体的社会化过程中起着重要的指导作用，能给行为人以强大的精神鼓励，强化其合乎社会规范的行为倾向，加强其正当行为的影响力。

十、成长源于反思

叶澜教授说："一个教师写一辈子教案不可能成为名师，如果坚持写三年的教学反思，就有可能成为名师。"可见撰写教学反思在教师成长中的重要性，具体地说撰写教学反思的重要性体现在以下四个方面。

（一）教学反思有利于教师提高认识

新课程强调教师既是新课程的实践者又是思想者。按照新课程标准来看，完整的上课过程应该包括教学前的预案设计和教后的反思。因此，在新课程背景下，教师不再是仅仅满足于"今天我的课已经上完了"，而应该在课后反思自己在今天的教学过程中有何得失、有何感悟，要把课后反思当成一种自觉的行为，最终达到"思之则活，思活则深，思深则透，思透则新，思新则进"的目标。反思教学中的"反思"，从某种意义上讲就是使现有教学活动中的感性认识上升到理性认识的重要条件，教师通过自己的教学观念、教学方法、教学过程、教学效果等方面的反思，才能正确地认识和把握教学活动中的种种本质特征，成为一名清醒的、理智的教学实践者，成为最得力的有经验的教师。没有对自己教学经验的继承和对教学教训的吸取，对教学的认识只能停留在感性认识阶段，其教学水平也只能停留在"一般型"教师层面，不能成长为"骨干型"教师。

（二）教学反思有利于教师知识的优化

要评判自己的一堂课是否实现了教学目标要求、是否有效，以及在备课和教学中有何得失，通常要在讲完课才能发现。因此，经常性的课后反思能使今后的教学更加符合教材和学生的实际水平，并根据教学情况对下一阶段教学任务进行调整，采取切实可行的教学策略，使教学具有针对性、实效性。教师撰写课后反思是对自己的教学工作进行自我诊断的一种有效手段，它对于提高教师授课艺术、优化课堂教学是大有益处的。可以说，认真写好课后反思是一个教师走向成功的起点。反思教学中的"反思"就是教师一种经常的、贯穿始终的对教育活动中的各种现象，包括教师自身的行为，进行检查、分析、反馈、调节，使整个教学活动、教学行为日趋优化的教学反刍，是教师融于整个教学过程之中的教学研究活动。通过教学反思重新审视自己的教学过程，积极探索新思想和新途径，从而冲破"经验型"的束缚，成长为一名教学研究者。

（三）教学反思有利于教师独特风格的养成

每个教师都有自己的个性特点，有自己独特的思维方式，有自己独特的创造意识，有自己独特的解决问题的能力。如果我们能自觉地把课堂教学实践中发现的问题，进行深入冷静地思考和总结，并最终能够有意识地、谨慎地将研究结果和理论知识应用于下一堂教学实践中，我们就能够在较短时间内针对我们教学中存在的问题，改进我们的教学方式，使自己得到最大的发展。正因为课后反思具有别人不可替代的个性特征，教师才能形成个性化的教学模式，从而形成自己独特的风格。教师由教学新手到骨干教师，再到专家型教师，是一个由量变到质变的渐变过程。在这一过程中，教学反思起着重要的作用。通过反思教学，能使教学更理性、更自觉，教学过程更优化，从而形成自己的教学风格和教学特点，尽快成长为"专家型"教师。

（四）教学反思有利于教师对学生与课堂的把控

在教育教学过程中，教师对学生与课堂的把控尤为重要，即教师教育学生的过程中，发现了什么，怎么解决，总结了哪些经验，值得老师们共勉。多年来，通过学习和实践以及不断地进行课后反思，我总结到：一、教师在备课时一定要吃透教材，对课中所要解决的问题和可能出现的问题要有一种预测，哪些问题学生能独立解决，哪些问题需要学生互相探讨或教师点拨，然后根据需要决定是否进行小组合作学习。在具体操作时注意这样几点：营造氛围，确定高质量的有探究价值的问题进行讨论，激发合作学习的兴趣。科学把握合作学习的时机。建立机制，教给方法。宏观调控，适时引导。二、教师对学生的学习评价，教师要努力建立起"目标多元、方法多样"的评价体系。从操作层面看，一方面教师要善于挖掘学生思维的闪光点，充分发挥评价的激励功能，关注学习的结果，更关注学习的过程。对于学生出现的错误，一定要慎重，要维护每一个学生的自尊心，不能简单或粗暴地否定，更不能不作评价，或是笼统地以一个"好"来表述；另一方面，鼓励、赞赏的同时，还要从发展性的角度去评价，注意评价的客观性，启迪思维，拓展思路，引导学生向正确的方向思考。让学生对自己的结论有新的认识，在否定之否定中提高自己的认识能力和思辨能力。三、"提出一个问题比解决一个问题更重要。"教师怎样培养学生的问题意识呢？教师要善于根据教学内容，结合学生的生活实际，创设问题情境，使学生认真观察，积极思维，从中发现问题。让学生带着问题走进教室，带着更多的问题走出教室。知识的传授只是我们的一个目的，而激发学生的问题意识，加深问题的深度，探求解决问题的策略，特别是让学生形成自己对解决问题的独立见解应该更为重要。也许只有这样才可能达到"学大于教"的境界。

教师的教学反思是教师自我完善和提高的过程，通过反思教学能使教师不断成长，成为出色的专家型、学者型教师。

一个人遇到好老师是人生的幸运，一个学校拥有好老师是学校的光荣，一个民族源源不断涌现出一批又一批好老师则是民族的希望。今后我将秉承习近平总书记的嘱托，牢固树立中国特色社会主义理想信念，带头践行社会主义核心价值观，自觉增强立德树人、教书育人的荣誉感和责任心，学为人师，行为世范，做学生健康成长的指导者和引路人；牢固树立终身学习理念，加强学习，拓宽视野，更新知识，不断提高业务能力和教育教学质量，努力成为业务更精湛、学生更喜爱的高素质教师；牢固树立改革创新意识，踊跃投身教育创新实践，为发展具有中国特色、世界水平的现代教育做出贡献。

名师简介：

侯艳红，高级教师，山东省特级教师。曾获"山东省优秀物理教师""德州市突贡专家""德州市教学能手""德州市创新教师""德州市优质课一等奖"。主持并研究了省重点课题《初中物理导学案编写和使用的研究》。发表论文《初中物理导学案的编写原则》《课程整合下"物态变化"的复习》《基于一个基本电路的电学》等。

寄语：作为有思想的教师，绝不要只跟在别人身后亦步亦趋，更不要不假思索盲目效仿。在学习他人先进经验的同时，一定要有自己的想法，学人之长，扬己之长；要大胆实践，积极探索，敢破敢立，逐步形成自己的教学风格。

行走在诗意教育的路上

临沂市河东区教体局　密书胜

有人说，越努力，越幸运。我从一名普通的乡村物理教师到教研组长、区教研员，再到教研室主任；从区骨干教师到学科带头人，再到区教学名师、市教学能手、省优秀物理教师，我深深知道，是持续不断的学习给予了我自信，是扎扎实实地教研给予了我力量，是坚如磐石的初心给予了我幸运！

行走在教育的道路上，慢慢欣赏诗意的风景，探寻人生最幸福的故事！

时光荏苒，1996年我从临沂师专物理学专业毕业，转眼间在教学教研的田园上已经耕耘了26个年头。这期间，我经历了从一名普通教师、业务教干到区物理教研员、初中教研室主任不同岗位、不同角色的转变；这期间，我入了党，晋级为高级教师，还先后获得山东省物理优秀教师、临沂市师德标兵、临沂市高中教学工作先进个人、河东区十佳教师、河东区优秀教师、河东区优秀共产党员、河东区名师、河东区教育科研先进工作者、河东区教学管理先进工作者、河东区优秀班主任等荣誉称号；这期间，我3次被评为临沂市教学能手，在省、市优质课评比中获得一、二等奖，多次执教市区级公开课，多次获得市区级优秀教学质量奖，多次获得市区级教学成果奖，还成了临沂市中考物理命题组核心成员、临沂市第一批网络教研核心组成员。26年来，我从误打误撞走进物理的"桃源圣地"，从复制"名家"到自我觉醒，从最初的心猿意马到后来的乐此不疲，再到现在的一往情深，一路且行且思，我其实是那么热爱教育，热爱教研，热爱物理。我渐渐明白，行走在诗意教育的路上，是多么幸福的一件事。

一寸光阴不可轻

1994年参加高考的我，遵从了一辈子面朝黄土背朝天的父母的意愿，报考了师范专业，仅仅就因为上学期间补助多、花费少，且能尽快毕业捧上摔不碎的"铁饭碗"，吃上向往的"国家粮"。两年后，懵懂的我被分配到家乡的中学——临沂市河东区重沟镇中学任教。抱着"既干之则爱之"的想法，我努力调整自己的状态，让自己尽快进入到乡村教师的角色中。

回望初为人师那段激情燃烧的岁月，如用一句话来描述，可以说是"一寸光阴不可轻"。到岗后，手拿陌生教材的我内心倍感压力，但我知道第一节课是多么的重要，想得到学生的认可、同事的肯定、领导的赞许，只有脚踏实地，方能行稳致远。读教材、研教参、查资料，虽然面对完全陌生的备课我没有章法，但我把所有的细节写下来：第一句话怎么说，怎么介绍我自己，情境怎么创设，怎么设置问题，怎么组织教学，等等。每一句话我都一字不漏地反复琢磨，每一个动作我都不断模拟、自我矫正。初为人师的第一节课，我写了整整12页备课纸。结果也让人满意，成功的第一节课不仅让我坚信了"勤能补拙是良训，一分辛劳一分才"，也让我从学生求知若渴的眼睛中体会到"传道授业解惑"的师者尊严，更激发了我从教的热情，坚定了我为师的信念。

当然，初出茅庐的我专业的快速成长，素养的快速提升，更得益于老教师的无私帮助。为了讲一节优质课，我不仅请教本校有经验的老教师，还到周边乡镇学校去取经，很多指导过我的老教师，现在已退休了，但他们给我的指导至今记忆犹新。记得1998年临沂全市启动"三题一结构"课堂教学达标活动。在我迷茫无助的时候，教研员诸葛福玺老师听了我的课，给我了很多的激励和建议，他提出"三动"（动口、动脑、动手）的实施理念，让我醍醐灌顶，茅塞顿开。还记得当时罗庄区册山镇中学有个叫刘建宇的老师在搞"学生自主学习"改革，反响很大，我向校长请了两天的假，前往这所农村中学一探究竟。刘老师的课堂上呈现出"三生万物"的哲学；凝聚着"举一反三"的智慧；营造着"润物无声"的诗意，这样的课是我做梦也从来没有梦到过的。原来课还可以这样上？我教的是物理吗？我不止一次地叩问自己，我教给学生的靠"刷题"而取得的所谓的优秀成绩，不过是熟能生巧而已。

改变源于一次不经意的遇见。于是，我先后购买了施良方、孙立仁等物理名家的著作，埋首苦读。理论书籍内容艰深，语言枯燥，初读的时候真像"啃"一块块寡淡无味的"硬骨头"。有很长一段时间，这些名家名作成了我入睡的"催眠曲"。无奈之下，我决定用最笨的办法做最难的事儿——学习古人用抄书来强迫自己学习！我在书的空白处抄，在笔记本上抄，只言片语地抄，整篇整篇地抄，一笔一画地抄，龙飞凤舞地抄，备课、上课之余抄，入夜倚在床上抄……记得魏日升的《初中物理教师技能训练》的绪论、结语，我前后抄了好几遍。抄书抄上了瘾，难啃的理论著作也慢慢读出了趣味，我的物理教学也开始回潮，由"歧路"进入"正途"。成功往往是逼出来的：逼准了方向，逼明了目标，逼快了行动。不逼自己一把，永远不知道自己的潜力有多大。因为有追求，所以更努力。我的努力让我总结出了一些新方法，逐渐有了自己的教学观点，形成了自己的教学风格，有了自己的教学主张。

"鸟欲高飞先振翅，人求上进先读书"，那个没有普及电脑和手机的年代，一有时间我就一头扎在书堆里，那些前沿的理念、丰富的经验滋养着我，改变了我。我的课堂征服了学生，赢得了家长，也成就了自己。工作第4个年头，我开始在全区物理研讨会上执教公开课，也被评为"河东区优秀教师"；第5个年头，被评为"河东区十佳教师"，同时也获得"临沂市讲课比赛一等奖""临沂市教学能手"等多项市级荣誉称号，成为全区最年轻的

"市级能手"。工作第6个年头，我被调入临沂市第二十五中学，从事高中物理教学。临走的时候，家长们拉着我的手依依不舍，孩子们围着我不让我走。他们的依恋让我体会到做一名教师是一件多么幸福的事情。

我的物理教学就从我家乡的农村中学开始一步步出发，从模糊到清晰，从混沌迷茫到豁然开朗，从感性认知到理性思考。非常感谢当年这所农村学校，感谢我的学生们，让我得到锻炼成长，也让我叩响了物理教学之门，找到了职业的归属感。

20年后师生联谊会上，我的一个学生说："今天来的同学中我是学习最差的，密老师当年对我要求很严格我一直想不通。毕业三年后，这种念头还压在心里。"说到这儿的时候，下面的同学开始窃窃私语："喝醉了，说胡话了。"还有人喊他下去，但他抬高声调："现在我女儿也上学了，我最期盼的事情就是我的女儿也能遇到一个像密老师这样的物理老师。"掌声哗然。我觉得这是对我20年前乡村中学工作的最大褒奖。

千磨万击还坚韧

有人说：越努力，越幸运。我认为，这句话必须加一个前提，那就是要找对方向。

工作的调动、环境的变化使我不断开阔眼界、提升层次，渐渐成长和成熟。每到一个新单位，我都能一方面秉承优良传统，虚心拜师求教；一方面广搜、博览、深钻，提高专业素养；备课、磨课、辩课，提高教学实践技能。

2002年暑假，我被调到临沂第二十五中学任教高中物理。我清醒地认识到自己最大的缺陷就是陌生的高中教材。于是，我开始了"恶补"，利用暑假30多天通读了高中物理全部教材，做了一整套配套教辅，研究了近5年的高考真题。再加上我6年的初中教学经验，我游刃有余地任教高一3个班的物理课并担任8班的班主任。半年后，一名高三最好的物理教师，也是学校的物理教研组长调走，学校通知我去接任。学生的不欢迎、家长的不待见、同事的不看好，让我倍感压力。面对质疑，我庆幸于自己暑期的"恶补"，迅速地摆脱了尴尬的磨合期，赢得了学生、家长、同事的认可，站稳了我的第一届高三讲台。当年升学表彰时，我获得了全年级最高积分和最多奖金。多年后，我的学生王圣英给我写信说："老师，您的课让我茅塞顿开，让我豁然开朗，让我不再恐惧物理。"学生的认可是对我最高的奖赏，也促使我努力去做更好的自己。

岁月不居，时节如流。因为我的努力和优异成绩，2005年，学校安排我担任两个班的班主任，其中高二（6）班是学校实施分层教学后成绩倒数第一的班级，管理难度可想而知。开学后，就在我忙着深入学生了解情况之时，又意外迎来了一批特殊的学生——3名因严重违纪濒临劝退的学生。看着眼前一张张曾桀骜不驯，如今却满带羞愧、无助与祈求的脸，没有片刻犹疑，我就将他们留了下来。刚到班里时，他们除学习困难外，整体表现还好。但随着时间的推移，上课打瞌睡、逃课、抽烟喝酒甚至打架等各种不良行为就开始显现，有时刚批评教育过不久，同样的情况又会出现。为帮助他们增强自控能力与自信心，我不仅在管理上对他们严格要求，更是用了大量休息时间对他们进行监督、关怀和引导，及时了解他们的想法，适时予以帮助和鼓励。为解决他们学习上的困难，我还专门联系了年轻教师帮他们补课，请学习好的学生与他们"一对一结对子"。通过连续两年的不懈努力，这3名学生的行为习惯得到根本性改变，学习成绩也有了大幅度提高，2007年高考后，他们都被高校顺利录取，目前已在各自的工作岗位上做出了不错的成绩。从教以来，我带过的学生不计其数，但与我感情最为深厚的，还是那些曾经有这样那样问题、让我花费心血最多的学困生。"密老师的关怀让我感受到浓浓的亲情，我从心里佩服他"，"在懵懂的年纪遇到他，使我克服了内心深处的自卑和惰性，是我一生的幸运"，我带过的学生这样评价我。而每一个学困生的点滴进步和成就，也成为我最值得欣喜和骄傲的财富。

"千锤万击还坚韧，任尔东西南北风。"一届届学生的高考成绩给我带来了各种荣誉，我又开始在市、区级的高中研讨会和各种活动中崭露头角，也被提拔为年级主任、教导副主任。2008年9月，我又被推选到河东区高考补习学校担任教导主任，负责学校教导处的工作和两个班的物理教学。

"欲戴皇冠，必承其重。"我深深地感到，作为一名党员教师，要模范带头，示范引领；作为一名业务骨干，要用心做事，真诚做人。为尽快进入教与研的双重角色，不管教导工作多繁杂，我都从未离开过课堂、离开过学生。在我心中，教书育人永远是排在第一位。我经常加班加点，夜烛常燃，孤灯常亮。在学校教务工作与自己班级的教学工作之间，我统筹兼顾，尽心尽力，做到两头都不耽误。担任教导主任后，学校教学教研工作的重担自然压在了我的肩头，每天除了上课、批改作业、辅导学生，我还带领教师深入课堂听课、评课，指导青年教师成长，推进课堂教学改革。出于工作压力大的实情，学校要我放下一个班的物理教学，全身心投入到教学教研工作中去。但我认为教师的本职是教学，离开了讲台，就失去了教师的根本。最后学校拗不过我，只能答应。我用实际行动做着我应该干的工作，守着我的教育初心。

作为一名业务教干，我始终把培养一支专业的教师团队作为管理工作的首要目标，始终不忘发挥自己的示范引领和辐射作用，热心帮助青年教师成长。我深知一个团队"一枝独秀不是春，万紫千红春满园"。我以教育科研为抓手，积极带领团队开展课题研究，以教育科研的方法切实解决教学实践中的问题。为充分发挥骨干教师的引领作用，我带领学校的教干和骨干教师奔走于全国各地，先后到北京、上海、杭州、厦门、青岛等地学习先进经验，聆听专家讲座。回来后组织培训会，把最新的教学理念、管理经验传授给全体教师。为了培养青年骨干教师，我甘愿做一块基石，竖一架云梯，搭一个平台，助力青年教师专业成长。每学期定期召开各学科研讨会、讲课比赛、"名师课堂"观摩等，助力教师在教育这条路上达成人生的追求，成就事业的希望。

木铎之心，素履之往。教师成长的快乐来自教师自身，更来自学生，学生的成长是我最大的幸福。我任教的学校大部分生源都是农村和外来务工人员子女，基础薄弱，学习程度参差不齐。因此，在多年的教学摸索中，我始终坚持物理教学"低起点、慢节奏、密台阶、小容量"的教学原则，积极探索适合农村学生的物理教学之路。让"每名孩子都成为学习的'发光体'"，孩子喜欢上了物理，在求知的路途上自然能享受到物理的学科魅力。我始终

初中
物理

名师行思录
CHUZHONG
WULI
MINGSHI
XINGSILU

098

坚信一名教师的根本价值所在就是"思想"。人不能没有思想，这是人区别于一般动物的基本特征。作为肩负传播文化、教书育人职责的教师，更应该是善于思考的人。

我不敢说自己是一个思想者，但我可以说我是一个思考者，至少我养成了独立思考、学习交流的习惯，针对某一问题能够持续不断地思索、探究。正因为平时的多记、多录、多思、多想，我有多篇论文在国家级、省级论文评选过程中荣获一二等奖；多次获得临沂市优秀教学成果一二等奖；在省市优质课评选中，多次获得一二等奖，并在临沂市高考复习研讨会上多次执教公开示范课。

雄关漫道真如铁

天道酬勤，力耕不欺。因为专心，我的专业能力在成长，不期而遇的是，我的工作岗位居然也跟着"成长"了。2013年6月，我从一名高中物理教师转任区教研室高初中物理教研员。工作岗位变了，职责也相应发生了变化。"雄关漫道真如铁，而今迈步从头越"，从一名普通物理教师成为一名区教研员，我知道自己面临着严峻的考验和巨大的挑战！

"问渠那得清如许，为有源头活水来。"自从到了教研室后，为了能从"小学生"变成"大先生"，我不断加强自身学习，积极钻研教研业务，持续更新教育理念。有了源头的活水，实践的河渠才能"清如许"，才能清醒地知道自己应该怎么行走，应该到哪里去。站在"物理教研"这块希望的田野上，我脚踏实地耕耘劳作；站在"教师成长"这块希望的田野上，我仰望理论的天空，寻找物理教育的方向和路径。

万丈高楼平地起。为了全面了解我区初中物理课堂教学现状，提高课堂有效性，我挤出时间，走进每所学校，深入每一位物理教师的课堂，力争从听课中获得教学的第一手资料。每学年，全区物理教师的课堂我都要听至少一个完整的循环。正是有着这样的执着，我才能对全区100多名物理教师的情况了然于心；正是有着这样的干劲，才能对教师在课堂中的困惑和实际问题有深入的认识和理解；正是有着大量的第一手资料，才能对全区物理教学课堂转型有科学的决策和针对性的实施方案。根据我区的教学现状和物理学科的特点，我拟定了基于大单元教学设计下的"优质思维高效课堂"的教学模式，立项了《深度学习视域下初中物理优质思维课堂建设的研究》的科研课题。课题立项后，我组织学科中心组成员和物理名师工作室成员，完成了复习课、习题课、讲评课的优质思维课堂模式建构。这不仅为全区物理教师实施课堂转型提供了蓝本，也为减轻教师的工作负担和学生的课业负担奠定了基础。

形式多样的课改培训给一线教师更多的是理论，可他们最需要的是如何把这些理论转化为教学实践。也就是说，对于有着丰富实践经验的一线教师来说，课改培训最欠缺的是能够在理论与实践中起"中介"作用的结合点。寻找这个结合点，就成为课程理念落到实处的关键。我认为，教研员就是在教育专家与一线教师之间起着"中介"作用的人。教研员既不是教育专家，也不同于一线教师，讲理论往往不如教育专家，讲实践往往不如一线教师。教研员的"中介"工作，正与课改的关键结点不谋而合，作为教研员，自然就应该在理论和实践的结合点上做些事。

正是基于这种理念，我率领初中教研室全体成员，围绕着"深度学习"教学改进项目活动的开展，推进我区生本"新"课堂向纵深发展，实现课堂革命从"1.0版"向"2.0版"的完美蜕变。教研室也确立了"深耕细作、精准教研，让深度学习成为学校发展的新增长点"的工作目标。每学期的"订单式"教研，每位教研员均进行"清单式"任务认领，深入思考酝酿后深入学校，现场把脉，精准指导。这种聚焦问题解决的"订单式"主题校本教研让每一位老师都深度参与，群策群力，提高了教研的实效性，助力学校内涵发展。教研员"教学实践周"活动是充分发挥教研员队伍"四个服务"职能，发挥教研最大支撑作用的行动诠释。

教育的根本在教师，一个好教师就是一门好课程。每学期按计划开展全区"网络研修""暑期培训""教学竞赛""送教支教""联片教研"等活动，让大多数教师实现了跨越式的专业成长：有的教师撰写的论文在中文核心期刊得到了发表，有的教师在国家、省级赛课中崭露头角并小有声誉，有的教师过五关斩六将顺利评上了正高级教师、特级教师。活动的丰富多彩营造了我区浓浓的教研氛围，也培养了名师。每次教研活动，不管刮风还是下雨，严寒还是酷暑，也无论路途多么遥远，老师们都是热情高涨，不辞辛苦前来学习研讨，希望能够在活动中解决他们教学的种种问题，让自己的教学之路走得更加顺畅。"采得百花成蜜后，为谁辛苦为谁甜"。每每这个时候，我都为自己的辛劳付出没有白费而感到由衷的高兴。法国文学家托马斯·布朗有这样一段富有哲理的名言："你无法延长生命的长度，却可以把握它的宽度；无法预知生命的外延，却可以丰富它的内涵；无法把握生命的量，却可以提升它的质。"

向青草更青处漫溯

作为一名教研员，除了具备较高的专业素养外，还必须具有宽阔坦荡的胸襟和甘当人梯的精神。只有真正把自己当成一线教师的同行者、垫脚石，乐意为他们搭建展示才华的广阔平台，为他们实现教育梦想加油鼓劲，才能与他们共同享受那份成长的乐趣。

苏霍姆林斯基说过："如果你想让教师的劳动能够给教师带来一些乐趣，使天天上课不至于变成一种单调乏味的义务，那你就应当引导每一位教师走上从事教育科研这条幸福的道路上来。"正是得益于他的这个建议，我才引领老师们在教学研究的道路上越走越宽阔，才会累并快乐着，用"匠心"筑教育教学之梦。

"撑一支船篙，向青草更青处漫溯，满载一船星辉，在星辉斑斓里放歌。"学无止境，研亦更深。从教20余年，从一线教学到全区教研，一路成长一路收获。带着对物理教学和教研的热爱与困惑，我除了业余时间自学钻研，还像虔诚的信徒一样去参加各级培训。一次次的培训，碰撞了思想与观点，释放了困惑与焦虑，解开了疙瘩与矛盾，填补了盲点与误区。知识的补充、观念的更新、气氛的感染，让我的心灵与思想接受着一次次全新的洗礼。

2021年，我有幸参加了国家级学科骨干教师高级研修项目苏州大学初中物理班的培训。听了于洁老师的《最美的遇见，最好的安排》师德报告，感慨于她享受着教育这份神圣事业的幸福和美好。万东升教授所作《落实物理学科育人的学习设计与实施——指向思维的学习》的报告让我清醒地认识到物理学科育人道路的艰辛和漫长，也坚定了我参与课改、引领课改的教研决心。杨勇诚校长的《指向课堂教学的项目化学习》让我耳目一新，也打开了我在项目化的县域推进的工作思路。马兴卫老师分享的《"双减"背景下初中物理课外实践作业的开发与研究》让我明确了课外实践作业的意义，也认识到一位专家型教师的成长之路。袁海泉教授所作的《核心素养理念下初中物理课标与教材专题研究》的报告，既让我感受到学者的敬业和专注，又膜拜于袁教授的渊博和精深。黄恕伯老师分享的《基于学科育人的初中物理概念教学改革与案例分析》报告，对当今初中物理课堂教学存在的问题剖析深刻，对初中物理概念教学的阐释准确，对相关教学实例的分析精辟得当，给我今后的教研指明了方向。10天的集中培训，各位专家对教育的真知灼见让我敬仰；先进榜样对事业的执着专注让我折服；教学精英对教育的灵动张力让我振奋。在这10天中，我每天与自我对话，躬身自省；每天参加分组研讨，智慧众筹，教学相长；每天进行学习反思，系统梳理，全面汲取。这次大容量、多频次、高强度的研修，是我职业发展的助推剂，专业成长的补给站，未来规划的导航塔。引领我做学问、做教研、做教育。培训期间，我从不迟到早退，从不请假缺课，像一位小学生一样，认真做好笔记，深刻进行反思。

教育家于漪说："与其说我做一辈子教师，不如说我一辈子学做教师。"多么朴实又深刻的话语！社会日新月异，教育同样不是一成不变的。教研员作为教师的专业引导者，尤其需要不断更新知识，提升教研能力，丰富教研智慧，才能为教师提供优质的精神食粮。

"千淘万漉虽辛苦，吹尽黄沙始到金。"我从一名乡村物理教师到教研组长、区教研员，再到教研室主任；从区骨干教师到学科带头人，再到教学名师，我深深知道，是持续不断的学习给予我自信，是扎扎实实的教研给予我力量！

用爱心诠释教育真谛，用责任演绎教育情怀。"我们都是追梦人，我们都在努力奔跑！"教学教研始终是我难以割舍的初心，我愿用一生的时光，行走在诗意教育的路上。

名师简介：

密书胜，高级教师，现任临沂市河东区初中教育研究室主任、物理教研员。山东省优秀物理教师、临沂市教学能手，曾获省市优质课评比一等奖，主持多项省市级规划课题研究。

寄语：常怀律己之心，常思为学之道！坚持把教师当成自己的事业而不仅仅是职业。要敬畏我们的工作、我们的讲台，课比天大！用强烈的责任心和高度的责任感去教书育人！

让知识汇聚力量　让学生感受温暖

东营市广饶县大王镇中心初中　孙　青

一声"老师"，承载着无数的责任与使命。作为一名坚守在一线的老师，我始终秉承着教育的初心，用自己的实际行动带给学生爱和知识。在做教师的日子里，我感恩遇到的每一个学生！我见证了他们的成长，也是在他们的帮助之下，成为一个更加优秀的教师。物理教学并非想象中那样简单，但是我始终努力探索着，在温暖学生的同时带给学生有价值的学科教育。为响应新时代"四有好教师"的号召，我既在教书育人，又在践行教育初心。

一、变化的是容颜，不变的是初心

（一）孜孜不倦　甘心奉献

做一个让学生喜欢、让家长满意的老师，是我一直以来追求的目标。

"学高为师，身正为范"，作为一名骨干教师，从事着太阳底下最光辉的职业，我同其他教师一样，用乐于奉献的精神、为人师表的标准、爱岗敬业的要求，诠释着自己所热爱的职业。在这个积极向上的集体中，我时刻提醒自己用爱和奉献来建构学生们的世界。

每接手一个班，我都会提前对学生进行全面的了解，努力像他们的父母一样，重视、亲近每一名学生，倾听他们的心声，接纳他们的想法，包容他们的缺点，分享他们的喜悦。慢慢地，我的真诚打动了孩子们，这些学生与我无话不说，爱和奉献让我成了他们的好朋友。

（二）热爱学生，矢志不渝

师爱总无声，如同千年流淌的涓涓细流，虽不宏大，却能滋润万物。"爱"是教育事业积极进取的动力。为成就学生，我一直遵循教育规律和学生身心发展规律，树立科学的儿童观、教育观、教师观，对学生一视同仁，积极为学生搭建展示平台。每当学生遇到困难时，我总是会第一个冲出来帮他们解决问题——我发自内心地希望能够帮助每一个孩子取得进步。

回顾多年的工作经历，感慨万千，我一直凭着对教育事业的热爱，教书育人，精益求精，虽然取得了一些成绩，但仍感今后的任务很艰巨。

李建（化名）的物理成绩不好，在班上垫底。而且全校出了名的调皮，经常与同学打闹，与任课老师抬杠，桀骜不驯，难以沟通交流。在上课的时候，我经常看到他睡觉、玩笔，做一些与课堂无关的事情，多次提醒后仍然没有改变。找他谈了几次话之后，他有一些改变，但是并未坚持多久。

面对这个学生，我没有放弃，时刻留心观察他，寻找他身上的闪光点，借此表扬他，鼓励他，给他信心；不厌其烦地几次去他家家访，了解他的家庭情况。原来他的父母是生意人，平时无暇顾及孩子，要么就是简单粗暴地打骂，要么就是冷言冷语，甚至有了要放弃孩子的想法。有的同事劝告我："他家长都没辙，放弃了，你还那么操心干吗，随他去吧。"我笑笑说："谁叫他是我的学生呢？"我依旧不会放弃。

了解了他的情况之后，我很想帮助他。在上课的时候，我故意点他回答问题，都是一些比较基础的知识，当他回答正确时，我给他积极的鼓励。

此外，我把他叫到办公室，先肯定了他的一些优异表现，告诉他："其实，老师知道你是一个特别聪明的学生，也是一个很愿意认真学知识的人，但是为什么最近总是控制不住自己？是不是因为最近没有休息好，还是觉得最近老师上课的方式不够有趣，不够吸引你？"

他抬起头告诉我："老师，我不聪明，我笨！我就是学不会这些东西，他们都说我笨。奶奶也说我是个笨学生。"

听了这些话我心疼极了。

我告诉他："你一点都不笨。这个世界上没有笨学生，只有不够努力的学生，我们的知识都是有规律的，只是别人比你提前掌握了这些规律，而你暂时还没有掌握，只要你努力，从现在开始认真学习，就一定可以赶上他们！"

他点了点头，若有所思。

我知道他并没有将我这番话听进去，刚才听他说话，从他眼神中感受到了他的不自信。这种观念已经深深地植入到他的脑海之中。学物理如果没有一个积极的心态，不认可自己那是很难学好的。

要想帮助他提升成绩首先应该做的就是帮助他改变自己的心态，我了解到他因为成绩垫底，经常被班上的同学嘲笑。我明白环境对于一个人的影响，当他处在被否定的环境之中，一直得不到支持和鼓励，长期处在挫败感之中，久而久之，他不是不在意别人的看法，而是被那些刺人的话戳中了内心。慢慢地他认可了别人说他笨的观点。同时，家中也有影响因素。因为爸爸妈妈工作十分繁忙，无法监督他的学习。并且父母关系不好，经常吵架，导致他也十分自卑。再加上奶奶十分疼爱自己的孙子，但是对于教育还是保留着老一代思想。因为孙子成绩不好，她也经常会用一些贬低的话来形容孩子。每当看到他考得不好的成绩时，她总是会说："你就是这样笨笨的，一点都不聪明！所以从小成绩都不好！"从李建幼时至今，奶奶一直在亲戚中这样说，而李建也渐渐地习惯了这种声音，并把这些话记到了脑子里。

久而久之，他被贴上了"笨学生"的标签。

我意识到这样的环境必须要得到改善。为此，我在班级里组织了专题班会——"语言有时也是刺"，引导同学们尊重自己的每一个同学，要积极帮助身边的同学提高成绩，而不应该嘲讽他，更不应该用贬低的语言伤害别人。

我也不断地找机会和李建奶奶进行沟通交流，给她普及了一些关于尊重、热爱、肯定的教育观。之后，我也和李建的父母进行了交流。我和家长一起寻找原因，教给家长教育孩子的方法，向他们强调了李建当下面临的严峻形势，他们也意识到了这一点，时刻与我保持联系，在没辙时向我询问合适的方法。

父母也和李建进行了沟通，共同商量制定了新的家庭规则，有一条就是不能用负面语言伤害孩子，要多鼓励，多支持，多引导。

到毕业的时候，同事们都说："李建从里到外都发生了变化，好像脱胎换骨了，你还真有办法。"李建的家长更是感激不尽。毕业典礼上，李建用自编小诗表达了对老师的感激与不舍。那天的阳光很暖，很亮！

二、提升的是成绩，创造的是春天

学科的学习离不开坚实的基础。小欣的物理成绩一直不好，长期垫底，她觉得自己实在一窍不通，学不了物理。为此，我为小欣制定了一个补基础的方案，每天监督落实。

物理学习重在夯实基础，加深理解。我建议小欣把物理中的一些原理、概念读熟读透，让她去理解每个概念所蕴含的物理意义，希望她能够用自己的语言把一个物理原理、概念讲出来。我耐心地跟她一个一个分析，尝试着用她的视角和感兴趣的东西来解释这些原理。慢慢地，我发现她犯的错误越来越少，举出的例子也越来越准确。

虽然物理是理科，但是在学习过程中也离不开较高水平的理解能力。总体来说，小欣的理解能力还是很不错的，只是经常会粗心读错题目，为此我让小欣在做练习题的时候圈出其中的重点词，每道试题都思考该题的考点是什么。通过坚持和积累，小欣的基础变好了许多。

在教育的过程中，我始终贯穿的是一种积极向上的鼓励教学法，因为我知道每个学生都渴望被关注、被鼓励、被表扬。当学生取得进步的时候，我总是能够立马抓住关键点来表扬，不随便说几句话应付学生。因为我懂得，对于学生而言，他们是能够敏锐地感受到老师最真实的态度，他们也知道自己做每一道题时的态度，如果盲目表扬，可能会让学生反感。

积极的鼓励教学法对于小欣来说非常适用。我发现她上课越来越认真，笔记做得十分完善。作业上面，每一题都清晰地写着自己的思路。最重要的是，我发现小欣脸上的笑容变多了，不再像以前一样低着头一副不自信、心不在焉的样子。现在的她，认真扎实，眼睛不再像以前那样无神，而是有了努力的方向及动力，愿意相信自己。

有了被认可的环境，有了基础的知识，有了学习的动力，她的成绩也慢慢提高了不少，每一次小测试她都有进步，除了物理方面有进步，其他学科也有不同程度的进步。

三、当下的是启智，深远的是育德

立足每一个学生，从细节着眼，从学生关心在意的小事中寻求最佳的教育契机，成为孩子心目中的良师益友。

小李是我带的第一届学生，第一次见到他时，我对他并没有太好的印象，因为在一排坐得整整齐齐的学生中，只有他坐得歪歪扭扭，驼背弯腰。我去扶了他的腰让他坐正。在之后他看见我来了，立马坐直。然而我一走开，他马上便把挺直的腰背驼下去。一早上，这样来回许久，让我觉得这学生略显不诚实，也不能很好地坚持。

开班会课时，我正在班上讲着校纪班规，而他却和同桌推推搡搡小声议论着什么，我给了一个眼神提示了一下，他收回了动作。在讲完班会课后，我刚走进办公室他也随之而来告诉我，他的同桌把他的涂改液弄坏了。我告诉他，首先想一想起因，是自己的原因多还是别人的原因多，如果主要是别人的过错，可以协商去让他赔偿，但是如果也有自己的责任，那么是不是要想一下如何更好地解决这个问题呢？我问他需不需要我协调沟通，他摇摇头走了。

过了两天，上课时间到了，他却还是没有来到学校，正当我考虑要不要给他家里打个电话时，他气喘吁吁地跑进教室，很明显是迟到了。当大家都在跑步时，他却站到了一旁，我向体育老师询问得知他说自己头晕，借故不跑步，他几乎每天都找理由不参加体育训练。

这一系列事件让我对这个学生印象不太好，但我深知要全面了解之后才能下结论。

随着相处，我发现不管是学习还是生活，他都是一个憨厚诚实的人。虽然确实有一些不好的生活习惯，但是本性是个好学生。例如，不管在哪里看到他，他都会很热情地打招呼。写字虽然歪歪扭扭但是每个字都是一笔一画写的，看得出来是一个很认真的学生。我看了他的物理作业，虽然错题颇多但是每一题都认真将自己的想法罗列下来。

我首先找这名学生谈话，给他讲述名人故事，在班内各项活动中都给他表现的机会，注意观察他的行为，抓住一点进步就及时表扬、鼓励，唤起他的自信。经过多次说教，他逐渐改掉了很多坏习惯。他的家长感激地说："这孩子的坏毛病太多了，以前我们都失去了教育的信心，要不是遇上您，我们真是不知道怎么办。这下我们放心了。"

我们应该在每一个环节潜心沉入，在每一个时刻真心付出，相信自己的每一个动作都是春天的脚步，精耕细作，才会有秋天的成熟。

四、无形的是境界，有形的是成长

教师是教育人的人，要"传道、授业、解惑"，要尽"诲人不倦"之职。但是，欲使人昭昭，必先己昭昭，为了使自己在教学中永葆青春的本色，我们应该特别注重自身素养的提高。作为教师不能闭门造车，要经常阅读各类专业书籍，学习先进的教学方法和经验，并适当加以改变运用在自己的教育教学工作中，做到学以致用。对于自己不懂的问题，要虚心请教。写教学随笔，记录教学工作中的点滴，对工作进行及时总结，没有反思就没有进步。我们还可以利用网络平台，搜集有效的教育信息和方法，促进自身的完善和发展。有了深厚的文化底蕴，以身作则，才能更好地教好书育好人。

自参加工作以来，我坚持认真对待每一节课，备好每一节课，教好每一个学生，积极投身课堂教学改革，不断更新教育教学理念，借学校"课件+学案+小组合作"的主流教学模式，积极探索适合新形势下农村教育教学的方式方法，努力向学习型、科研型教师行列迈进。

（一）刻苦钻研　硕果累累

多年来我用勤奋和执着提升自我，严格用党对教育者的要求来完善自己，热爱教育事业，关爱学生，爱岗敬业。教学中善于思考问题，从学生的年龄、心理特点及已掌握的知识等方面，确定适合的教学思路，设计生动有趣的课程内容，以使教学活动获得更好的效果。

在教学方式上，我积极使用学生感兴趣的多媒体进行教学，制作课件、实验教具、学具，将教育方法渗透其中，尽量把先进的教学理念融入每一个教学活动中。让学生自己动手、动脑、动口，培养学生好奇、好问、好探索、乐于想象与创造的可贵品质。

在工作中我用热情和好学感染同事，用情怀慰藉学生。

（二）勤于学习　业务精湛

要给学生一杯水，教师不能只有一桶水，而必须是富有源头活水的一条河。作为一名教师我始终把学习作为立身之基、紧跟时代发展的首要任务。我充分利用各种教育资源，以校园培训为载体，积极参加学校及上级部门组织的各种培训活动，提高自身的专业素质。

我对同事尊重有礼，与同行真诚相待、热情扶持，积极参加各种教师技能比赛，并取得了优异的成绩。在教学中努力打造以乐学为主的特色教育，实现学生全面、自主、和谐地发展。

多年来，通过外出学习、参加培训及自学等多种方式不断充实自己。运用自学、反思、实践和总结经验，不断完善自己。在这一过程中，逐渐对教育有自己独特的见解。我把研究教学方法看成自己的职责，树立终身学习和终身研究的思想，让学习成为一个积淀的过程，让教育研究成为一个升华的过程。

五、闪耀的是学科，生辉的是教学

随着新课改的不断深入和"双减"政策的不断落实，提高物理课堂的效率，引导学生参与并学会自主学习和探究物理知识，让学生在学习过程中从被动到主动，乐于探究，快乐学习，变成了每个物理老师都应该积极思考的问题。所以，根据物理教学现存的一些问题，再结合我校学生目前学习物理的方法和效率，我将研究课题确立为《增强学生物理学习教学策略的研究》。

物理教学中亟待解决的问题是要提高学生合作学习的效率，将合作学习从形式落到实处。这也是新课改和素质教育所提倡的课堂改革方向和学生学习方式，与传统的"满堂灌"的教学方式相比，学生小组合作学习的方式不仅能在学生学习的过程中培养他们的自学能力，而且可以让学生在学习和生活中拥有发现问题、主动思考、探究并解决问题的能力，还可以在学生人际关系和交流上有显著的改善效果。

在具体的教学过程中，我将合作学习的理论加以运用。上课之前，我首先根据以往教学的实际，将学生的认知结构、接受能力、物理学习能力等方面的数值进行评测，并分为不同的层次，按照层次进行分组。分组完成之后给每组配备必需的实验所用仪器，并且引导学生将教室当作平时生活的环境，创造出轻松随意的氛围。通过物理问题与生活实际问题的结合，由浅入深设置问题，由各小组进行组织答题，根据各自的经验及物理知识据理力争，再由各组的小组长进行整合汇报，我进行最后的整合。之后具体的实验过程同样是在我的指导下交给各个小组合作完成。先讨论实验方案，并用生活实例、经验或利用分配给小组的器材通过实验来证明自己的观点，如果不同意其他成员观点，要提出反驳，当然反驳要依据物理知识有理有据地发表自己的观点。在分组合作学习中，各小组都能根据猜想讨论后得出实验方案，然后进行分工。有的负责设计实验表格，填写实验数据，有的负责操作实验，有的负责测量实验结果，每一个小组成员都承担起相应的责任，为完成实验而竭尽全力。

在这样的教学当中，我成功完成了"学生是主体，教师来引导"的身份转变，促进了学生之间的情感和知识交流，培养了学生的主动探索和合作意识，提高了他们的动手能力。达到了很好的教学效果，也让我感悟到教师作为课堂上的引导者，在合作学习中承担的角色绝不是旁观者，而是要适时地参与到学生的讨论之中，在学生合作的过程中发现问题和不同学生、小组的能力差异，从而调整下次合作学习时的方案，来保证小组合作学习的效率，进一步提升教学质量。

这样的教学也真正体现了学生的主体地位，解决了很多传统教学解决不了的问题。小组合作的学习方式，不仅仅是学习方式上的改革，更是我作为教师改变传统教学策略的标志。要想避免形式主义的合作学习，还要在自身教学方法的更新和深刻领悟合作学习的内涵上下功夫。

六、忠实的是教育，践行的是师德

（一）不要轻易给学生"贴标签"

我们总是容易根据自己的主观判断给学生贴一些标签，这是非常危险的。我们认为这是客观评价，然而站在学生的角度来说，他们敬爱的老师对他们的评价是相当看重的，因为这些评价就是他们在老师心目中的形象。也许我们不经意间的一句评价足以影响一个学生的一生，因此必须谨慎。

小磊本是一个积极向上、活泼的孩子，然而就是因为在从小的教育中被灌输自己笨的思想。说他笨，也许只是别人的一句玩笑话，却摧毁了小磊的心理防线。孩子在不成熟的时候总是最敏感的，他们能够感受到别人说每句话的态度。他们会不自觉地逐渐贴近这个标签或者认为自己就是如此。于是，标签越来越难以撕掉，有时甚至影响孩子一生。

在我的教学生涯中，我从来不会轻易地去否定某一个学生，或者给他下一些非常极端的定义。因为对我而言，这只是我简单的一个主观判断，但对学生来说，却影响着他对自己的评价。

我们对于一个学生的评价，一定要综观多角度多方面，不能仅仅根据几件事情就对一个学生进行评价和定义。在教育中我们也要努力遵循留心处处是学问的原则，留心每一个学生，去学会发现他们身上的亮点，并把这些亮点放大；更要学会去找到他们的弱点和不足，帮助他们完善自己。让他们在成长的过程中扬长避短，成为最好的自己。

（二）教育要循序渐进，把握关键

教育尤其理科教育并不是需要我们死记硬背的，而更多的是需要学生的理解力和领悟力。

在教育的过程中，我们不能过度地给学生压力，而应该不断地改变自己的教学方式。本身理科教学就带有一丝枯燥和乏味的，如果我们再用僵硬的

方式去讲解，那么只会引起学生的排斥，而难以吸引他们。当学生学习没有兴趣和主动性时他们的学习效率是非常低下的。

我们在教育的过程中要不断地改进自己的教学方法，努力探讨学生的兴趣爱好，用真正有效的方式去传授他们知识。同时一定要遵循教育最重要的原则——循序渐进。在学生阶段，他们可能一下子接受不了太多的知识，注意力、水平和记忆力以及理解力都是有限度的，因此我们在开展理科教育的过程中，要根据学生实际的身心发展水平和年龄特点来设计教学。教师要循序渐进，有足够的耐心依照科学的方式教育学生。

（三）教育要因材施教，尊重个性

在教育中，每一个学生都是有自己的个体差异性的，我们在教育的过程中不能"一刀切"。要发现每个孩子的独特之处，根据他们的特点进行适当的教育。

每个学生都会受到家庭和成长环境的影响，当我们发现他们存在一些问题时，不要急着去批评他们，首先要深刻分析他们背后的真实情况，在了解实际情况之后，再对他们进行帮助。

根据皮亚杰的认知阶段发展理论，每个儿童的认知发展都具有不平衡性。在这个阶段的认知发展快，有些学生理解能力强一些，对于知识的吸收也会更快一些，但是有些学生他的认知发展还处在一个较低的阶段，还需要时间的沉淀，因此教师要给这一部分学生更多的机会，帮助他们努力夯实自己的基础。而不能纯粹地按照最快的进度来，那么对于很多学生的学习会造成极大的困扰，严重影响他们学习的积极性和主动性，最终将破坏学习的实际效果。要注意因材施教，结合具体情况去教育学生，选择最适宜的方法。

（四）教育既要知识传递又要心灵引导

韩愈说："师者，所以传道受业解惑也。"这是古人对于教师职业性质的定义，在当下这个日新月异的时代，知识传递仍然很重要。但是教育还有一个重要的任务，那就是引导学生使他们拥有健康的心理。这需要我们真诚地关心学生，了解学生。

当下这个信息时代中，学生的心理问题层出不穷，许多学生因为各种学业压力、生活环境带来的压力，心理十分脆弱。教师不仅仅需要扮演好传递知识的角色，更是扮演着学生心灵引导者的角色。教育并不是一件我们信手拈来的事情，而是需要我们深思熟虑、多方统筹的重要任务。学生也不是一无所有的白板，而是充满着潜力需要我们去开发的宝藏。因此，我们在教育上，一定要倾尽全力，关注学生各个方面的成长，促使学生全面发展。

在教育教学过程中，我们要不断地完善教育行为，强化对教育的认知，在日常的教育活动中认真落实师德师风的要求。对于学生要饱含真情，发自内心地关爱学生，帮助学生，将自己学习到的教育理论应用到自身的教育实践当中。不断提升自身对教育的认知，认真学习新的教育观念，更深刻地认知对青少年的教育，从而在自身的教育过程中，真正地去帮助每一名学生，让他们得到全方位的发展。

名师简介：

孙青，高级教师，曾获山东省乡村优秀青年教师培养奖励计划人选、东营市最美教师、第四期东营名师建设工程人选、学科带头人、教学能手、青年骨干教师、优秀班主任；广饶县首届"广饶名师"、"最美教师"、优秀教师、农村学校特级教师、教学工作先进个人等荣誉称号。撰写的论文多次在省市级获奖，多次执教县公开课、市级展示课并多次在评选中获奖。

寄语："芳林新叶催陈叶，流水前波让后波。"青年教师是教师队伍发展的新兴力量，也是教师队伍实现创新发展的不竭动力。青年教师要时刻铭记教书育人的使命，甘当人梯，甘当铺路石，以人格魅力引导学生心灵，以学术造诣开启学生的智慧之门；要脚踏实地、不骄不躁，践行师者的崇高理念，为教育贡献自己的力量。

深耕课堂沃土　践行师者良知

乳山市诸往镇中心学校　孙建智

如果教育是一片绿意泛动的麦田，那么我就是这麦田的守望者，在懵懂叠织的追寻与求索中，我一直守望了20多年，守望着"希望拔节，梦想抽穗，智慧扬花"。回顾走过的路，在深深浅浅的脚印里拣拾过去，思考着作为一名物理教师的事业良知，我勾画出自己的行进路线图，那就是将"生活"植入课程，把"生命"嵌入课堂，用"智慧"去经营教育。于是，心，敞亮了起来；路，宽阔了起来。

垦一方土壤，将"生活"植入课程

我的第一个教育岗位是在一所普通的农村学校，那时我担任着初三班主任和物理教学工作。当时的农村教育相对落后，教师的教育理念也较为守旧，学生的基础和能力较差。贫瘠的土地更期待花开，面对着一双双饱含期待的眼睛，我心里涌动着酸涩，也升腾着一份沉甸甸的责任。执一柄犁铧，去垦出一方新鲜的土壤，让农村的孩子同样能享受到优质的教育。

那时的我苦苦求索，怎样为学生的物理学习打开一扇明亮的窗子。于是我研读课标，疏通教材，搜寻了大量物理教学的成功案例，终于，一个创新的想法在心里生成：让物理走进生活，让生活走进课程，拉近物理与生活的距离，让枯燥的学科知识生动有趣起来。我将农村常见的生活现象改编成例题、习题和考题，如以探究瓦工用水带找平解释连通器原理、用铁锹铲土了解杠杆原理，模仿"地道战"里埋土缸引入"探究声音的传播"，磨制冰透镜给稻草点火探究"凸透镜对光线的会聚"……学生们睁大了眼睛、竖起了耳朵，兴趣激活了，课堂盘活了。

情境1：两幅图片串联6种物态变化

出示第一幅图片（配以北风呼啸的背景音乐）：山、树、溪流、小屋都披上了银装，一个穿个棉衣、戴着棉帽、围着围巾的小男孩被冻得瑟瑟发抖。

师：同学们从图片中发现了什么？联想到了什么知识？

生：天太冷了。由雪景联想到了凝华现象，由河水结冰联想到了凝固现象，由雪人不化也会变小联想到了升华现象……

出示第二幅图片：艳阳高照下一个小男孩不停地扇扇子，还是大汗淋漓。

师：同学们从图片中发现了什么？联想到了什么知识？

生：天太热了。由扇扇子联想到了加快蒸发的汽化现象。

师：那此时最好能来上一根……

生：雪糕。

（动画演示）：一根雪糕从天而降，落到了小男孩的手中，周围还冒着"白气"。

生：由吃雪糕联想到了熔化现象、由雪糕周围冒白气联想到了液化。

就这样，拔出萝卜带出泥。每引出一种物态变化现象，就带出了该现象的知识串，定义、吸放热、现象及应用等。整堂课，学生们兴味盎然，真正感受到生活物理的魅力，体会到学习的快乐。

情境2：两幅图片对比引出压力的作用效果的影响因素

师：先观察一幅图片：啄木鸟作为森林医生，你觉得它有哪些自身优势？

生：它有坚硬而细长的喙，容易啄开树皮。

生：还有锋利的爪，容易抓住树干。

师：发挥你丰富的想象：如果把啄木鸟的嘴换成鸭子的嘴、把啄木鸟的脚换成鸭子的脚，会出现什么现象呢？

生：那样啄木鸟的嘴太大，啄不开树皮；脚也太大，抓不住树干。

生：那鸭子也不能在泥泞的水塘边、小溪旁自由行走了。

师：看来真要是换了的话，啄木鸟就得改行了，鸭子陷进泥潭还得求救了。

（生集体哄堂大笑。）

就这样，巧妙地利用啄木鸟和鸭子两幅图片设置疑问，让学生寻找它们身体各自的优势，打开了学生丰富想象的天窗。引出压力的作用效果与哪些因素有关的深度思考。

原来，物理就在身边，学生们在学习链条上找到了兴奋点，参与学习的兴致高涨起来，我也收获了一份惊喜，在参加工作的第二年我的生活化物理教学课例《密度》就在乳山市"三个一"工程中获得优质课评比一等奖，教学质量也首次走在了全市的前列。其后，我作为学科标兵连续五年执讲"学科年会""送教下乡"等活动公开课，并进行科普讲座。其间，先后获授乳山市优秀教师、先进教师、教学能手等多项荣誉称号。

种一畦希冀，让"生命"嵌入课堂

2004年8月，乳山市举行城区教师公开选招。讲课、评课、答辩，一路下来，我被调入乳山市实验初级中学。离开了农村，心中确有不舍，但还有更新更长的路在等着我去跋涉。市区的孩子思维活跃，我用生活化物理教学的经验来实验教学，课堂比以往更通畅了。但渐渐发现，学生过分地依赖教师，不领不走，也不知道怎样走，主动参与学习过程的意识淡漠，缺乏自主探究与合作学习能力。作为教研组长，我带领学科组又开始了新一轮教学革命——生命化课堂的建构，以学生为本，顺遂学生生命发展，尊重学生的学习需求，将学生推向课堂学习的前台，让课堂彰显出生命的引力与张力。执着以求，衣带渐宽，只为一份新的希冀，让课堂流淌着生命的阳光，萌动出生命的种子。

我将研究性学习、合作式学习纳入了研究视野，逐渐形成了富有个性的教学风格，生成了"主动参与，自主建构，适时反馈，激励评价，因材施教，分层优化"的"六维度"教学形态，乳山市教学研究中心在全市推介了这一创新成果。

情境3："别开生面的"家电推销会"

在电学教学中，我发现学生虽然掌握了一定的电学知识，但连生活中常见的家电都不会使用，如此的物理教学有何现实意义可言？于是我布置了一项特殊的家庭作业：探究和使用一种家电。就这样，一次别开生面的"家电产品推销会"便在学生的期待中启幕了。

"推销员"们先在小组中进行展示演练，之后胸戴着大圈号牌，带着推销的产品登上了讲台，俨然一副推销家的风度，用自己最简洁而富煽动性的语言，介绍并推销自己的产品。为了赢得更多的客户，有的下发自己拟写的产品广告单，有的动手拆装电器，有的还用自己带来的食品材料做一道菜请"客户"品尝……"客户"填写好"订购单"。最后，统计出最受"客户"青睐的十种产品，评选出最有经商头脑的"推销员"和业绩优秀的组团队。整个推销会，气氛热烈，学生情绪高涨。课本电学知识得到巩固，学生的生活能力得到培养。

情境4：鱼是死的还是活的

那是在学习《声音的产生与传播》一节，我鼓励学生们自行设计"液体也能传声"的实验。大家顿时来了兴致，你一言我一语，设计的方案多种多样。其中一个同学说道："找一个水桶盛一些水，把响着的闹钟放入水中，若能听到闹钟发出的声音，就说明水能传声。"

这个同学话音刚落，又一名同学马上站了起来："不对啊，老师。我认为这个实验设计有两点问题：一是听到了声音，也不能说明这声音一定是水传播的，可能是桶底传播的；二是这样把闹钟浸湿了，容易损坏闹钟。"

"那么怎样让闹钟浸入水中不与桶底接触，又不能损坏闹钟呢？"我抓住时机发问。

教室里顿时像炸开了锅。

"用塑料袋把闹钟包起来。"

"用细线把闹钟吊起来放入水的中央。"

……

学生共同参与,设计实验,改进实验,共同学习,课堂气氛十分活跃。

这时,另一个同学说道:"找一条鱼,放在一盆水中,用手轻轻敲打盆壁,看鱼是否运动:若鱼运动,就说明鱼听到了敲打声,说明水能传声,证明液体能传声。"

一个同学马上站了起来:"是死鱼还是活鱼?"

"当然是活鱼了。"

"若是活鱼,不敲打盆壁鱼也能跑。若是死鱼,敲破盆壁鱼也不能跑。"

正当两个同学争得面红耳赤时。我马上提醒同学们思考:"你们争论的焦点是什么?大家是否听明白了他们各自表达的意思?"

又一名同学站起来:"他们争论的焦点是鱼听到了敲打声是否'突然'运动或是'发惊'的运动?"

……

生命化课堂倡导学生主动发现问题,提出问题,进而分析和解决问题。全面培养学生的核心素养。

看着学生们异常兴奋的小脸,我才真正领悟到了什么是教育的本真,什么是有生命的课堂。我的生命化课堂教学的研究成果多次在威海市初中物理学业研讨会上作经验交流,《成功一课的背后》获评威海市"初中构建生命化课堂的实验研究"重点课题优秀成果。在参与威海市重点课题《构建初中物理生命化课堂》研究中,我还尝试建构了初中物理生命化课堂"合作型小循环多反馈"教学模式,并依此模式先后执教省级优质课《密度》、威海市优质课《光的反射》《运动的快慢》《浮力》《杠杆》、威海市公开课《欧姆定律》;开发的优秀课程资源《生活物理》被评为山东省优秀课程资源一等奖,开发课例《光的反射》《透镜》在"一师一优课,一课一名师"活动中先后被评为威海市、山东省和教育部优课;课题成果《自主合作学习中发展创新性学习习惯的培养》获山东省"优秀教学研究成果"一等奖；《批语也可以这样美丽》《教子与教书》等多篇论文发表于国家级刊物《中国教师》；《看、去、找、标、添——电路分析五步法》《"动能和势能"两个探究实验的改进》《以物理学习为载体把创新内化为学生的学习习惯》等多篇论文发表于全国中文核心期刊《中学物理》；我个人也先后荣获"威海市教学能手""第二期威海名师""乳山市十大杰出青年""乳山市优秀教研组长""乳山市教科研先进个人""乳山市教坛明星"等称号。

捧一腔赤诚，用"智慧"经营教育

2017年，乳山市落实教育部在农村义务教育阶段实施"特岗计划"的部署，需要德才兼备的优秀教师充实到农村学校一线。此时已担任教导副主任的我，没有丝毫犹豫，毅然投身到农村教育中，前往教学质量长期徘徊于全市下游的诸往镇中心学校。面对这样的情形，作为教导主任，我必须让这所农村学校教育行走在智慧间，实现学校教育的美丽蝶变。我寻求了三大突破口。

突破一：让留守儿童有着温情的陪伴

这所学校地处偏远，留守儿童很多，大多跟着老人生活，他们在家学习的时间得不到保障，加上学习自觉性较差，这给学校的教育教学增添了难题，也是制约发展的最大瓶颈。做有温度的教育，给留守儿童暖暖的人情关怀，让他们感受到学校的热切期待，从而转化为奋发上进的新动能。

于是，我带领班主任建立留守学生档案，每位教师都结有帮扶对象，关注生活，帮扶学习，疏导心理。每年，我都会选择5—8名情况特殊的留守儿童作为帮扶对象，与他们一起谈生活，谈学习，谈未来，并时常送他们新衣和学具，每一件衣服都带有爱的温度，每一个本子都印着一份期盼。这些学生也特别重感情，学习动力十足，他们亲切地叫我"孙老爸"。我想，在我所有的荣誉中，这个称呼是最美也是最高的荣誉了。

突破二：让校本教研成为教师的自觉

学校的教学质量不高，还有一个重要的原因，就是教师的团队意识不强，教研氛围不浓，难以生成"抱团"效应。于是，我走进课堂观课，走进教研组评课，参与学科组教研活动，指导教师处理教学重难点，设计习题训练，科学操作学生活动……通过近半年的直接参与，逐步打造出适合学校教育的"低起点、小循环、多反馈"小组合作型教学范式。"低起点、小循环、多反馈"就是将一节课的内容分为几个小问题，逐次进行探究。每探究完一个问题，马上针对该问题进行练习反馈，构成一个小循环单元，从而在一节课中形成多次循环、多次反馈的过程。"小组合作"就是在各个循环小单元中，根据学习内容的需要，适时让学生在小组中互学、互练、互帮、互助，使每个学生都能参与问题讨论解答，得到他人的帮助。

每学年，为了进一步提高教师课堂教学的水平，我都会在学期初组织开展"低起点、小循环、多反馈"小组合作型教学模式的示范课活动。在"示范课"的定位上突出了四个标准：一是在课堂教学的整体设计上具有科学性，二是在教学方法的运用上具有合理性，三是在学习方法的指导上具有创新性，四是在课堂教学效果上具有较高的课程目标达成度。实施过程中分五步进行：第一步，集体备课，先个人进行教学设计后集体研讨；第二步，教研组说课；第三步，课堂实战听、评课；第四步，个人反思打磨优质课；第五步，集体再加工展示示范课。每一个步骤，都是一个层级的集体研讨的过程；每一次活动，都是一个全员参与，集思广益，凝聚共识，形成模式的过程。打造示范课活动，增强了教师集体教研的团队意识，打磨出课堂教学新高度，实现了学科内教学研究成果的有效共享。校本教研逐渐形成了教师的自觉，这不仅提高了教师个人的教学素养，也提高了整个教研组的凝聚力，深化了对知识的理解。

突破三：让课题研究成为教研组团队建设的沃土

"借石攻玉"一直是我提升教学艺术与水平的"法宝"。多年来，我把自己的业余时间大部分都投入"充电富脑"之中，先后参加了"威海市初中物理骨干教师新课程、新教材培训""全国信息技术与学科教学整合培训""北京师范大学威海市第二期四名工程初中名师名课程团队高级研修班培训""浙江师范大学农村特岗人选岗位培训"等各类国家级、省级培训；其间，我还主持和参与了"十一五"规划重点课题《初中生命化课堂教学过程设计策略的探究》、"十二五"规划重点课题《初中物理演示实验的整编与创新》和"十三五"规划重点课题《生命化课堂理念下开发整合教学资源、提升学生物理核心素养的实验研究》研究，实现了新教育理念的全面更新和业务素质的全面提升。在自身受益教育科研的同时，我把目光投向了教研组团队的建设上，重点吸纳青年骨干教师组建课题团队，申报并主持研究了威海市社会科学2019重点课题《精致教育下初中理化生演示实验创新教学的实践与研究》、山东省教育教学研究课题《初中物理演示实验的深度整编与创新应用的实践研究》，按照课程化思路，采取"实验界定→操作流程→流程解读→实验整编→操作模式→应用例举"的体例，对物理、化学、生物学科的演示实验的深度整编与创新应用开展研究，对每一个演示实验进行了整编。"实验整编"重点增设了"实验创新导引""学生实验设计例举""实验对比剖析"，引入了创新思维的方法与策略，有效完善了学生的思维创新链条。青年骨干教师的科研意识、科研能力得到了显著提升，研究实验、研究教学的氛围业已形成并日渐浓厚，研究的方向也由以教师为中心转换为以学生的学习、探究为中心，且将这种意识融入了日常课堂教学中，促进了课堂有效性的提高。同时，教师积累素材、分析素材的意识明显增强，并且能够依据这些素材提出有价值的创新思路，积极投入到实践验证之中。几年来，课题组成员多人次在省、市、县各级创新实验大赛、优秀自制教具展评活动中获奖。我个人被威海市教育局评为威海市自制教具能手；自制教具《针筒喷泉》获山东省优秀自制教具二等奖，《阿基米德原理一键式暨动态式探究装置》获威海市中小学优秀自制教具展评二等奖；制作的案例《流体压强与流速的关系》《流体压强创新实验组合》在山东省中小学实验及信息化说课活动中分获一、二等奖。

尝试着、努力着、坚持着，诸往镇中心学校的教育终于拨开乌云迎来了曙光，实现了一个漂亮的转身。在我的引领下，学校的教学质量跃升全市中游。2018年，我校3名教师获威海市优质课一等奖，居全市首位。仅这一年，我校教师30余人次在各级比赛中获一等奖；教育部"一师一优课、一课一名师"评选中，我校3人榜上有名，位列乳山市第一。近几年，各级各类评比活动中，获奖人数及级别更是逐年增加。更为可贵的是，在这种沉下心来做事的精神地影响和带动下，整个教学团队以往懒散随意、"各拉各车"的现象匿迹了，教学研究之风悄然兴起，学校已经凝聚成一股强大的团队力量，我也被山东省教育厅选拔推荐参加教育部国培计划专项研修。2018年，我被乳山市委授予"首届青年科技奖"和"首届十大教学名师"，两次入选乳山市人才库；2018年8月和2021年8月，被评选为威海市第七届、第八届初中物理学科带头人；2021年5月，被评为山东省特级教师……

"师者，所以传道授业解惑也"，选择了天空，就要扶摇直上；选择了远方，就要脚步铿锵。前行的路上，我付出了艰辛劳动，也博得了掌声和鲜花。我将继续做麦田的守望者，继续去聆听麦苗拔节生长的声音，去收割籽粒饱满的季季馨香。

名师简介：

孙建智，高级教师，山东省特级教师，曾获威海市教学能手、学科带头人、教育科研先进个人等荣誉称号。出版著作《基础物理教学研究》，撰写的《看去找标添——电路分析五步法》《教子与教书》等数十篇论文发表于《中学物理》《中国教师》等期刊。

寄语： 年轻的教师们，你们已经行走在崭新的教育之路上，这是一条铺满鲜花的朝圣之路，也是一条布满荆棘的探索之路。当你的才华还撑不起你的野心的时候，你就应该静下心来学习；当你的能力还驾驭不了你的目标时，就应该沉下心来历练。实现梦想，需要的是沉淀和积累。只有拼出来的美丽，没有等出来的辉煌，机会永远是留给最渴望的那个人。

撒一份阳光　托起明天的希望

青岛平度市田庄镇官庄中学　李宗强

2021年5月21日，中共中央总书记、国家主席、中央军委主席习近平主持召开中央全面深化改革委员会第十九次会议，审议通过了《关于进一步减轻义务教育阶段学生作业负担和校外培训负担的意见》。7月24日，中共中央办公厅、国务院办公厅印发《关于进一步减轻义务教育阶段学生作业负担和校外培训负担的意见》并发出通知，要求各地区各部门结合实际认真贯彻落实。"双减"政策一出台，就引发了舆论强烈反响。7月27日，山东省教育厅、省民政厅、省市场监督管理局联合印发通知，决定在全省范围内开展为期一个月的"证照不全"校外培训机构专项整治工作，进一步规范校外培训市场，严格校外培训机构办学行为，切实减轻中小学生校外培训负担。这一次的整治力度令许多家长和培训机构印象深刻，专家认为这些举措不仅有助于遏制过度培训之风，更缓解了社会及家长的焦虑和压力。为贯彻落实中央和山东省"双减"工作有关精神，2021年11月11日上午，青岛市举行了义务教育作业革命之优化作业设计、统筹作业管理工作第一次会议，青岛各区市学校均纷纷提出相关举措响应"双减"政策。"提升课后服务质量"多次出现在各区市的政策中。这对农村寄宿制学校是一项很大的挑战。

我所任教的青岛平度市田庄镇官庄中学是一所寄宿制学校，坐落在平度市田庄镇官庄村。学校现有教职工40余名，其中青年教师占大部分，其住房都在城里，距离学校35千米左右。学生300余名，大部分学生家长都在周边乡镇打工，每天早出晚归，没有周末；还有部分家长在临近县市务工，学生在家跟祖辈生活。大部分学生家长的学历是小学或初中毕业，甚至有的小学就辍学，学生在家的学习只能依靠自主学习。

截至2019年，全国总共有14477所农村中学，寄宿学校占其中的大部分。然而，很多寄宿学校考虑到安全因素，组织的课余活动不仅较少，活动的创新性还较低，这也就很难调动学生的积极性，难以达到锻炼学生身心的目的。再者，学校的师资力量有限，只教学任务就已透支了教师的精力，无法再为学生们组织大型的活动。因此，学生们大多数课余时间都是自由活动，这种自由活动反而存在一定的安全隐患。另外，寄宿学校的学生学习和生活都在学校，周末才回家，使得学生和家人在空间上形成隔离，再加上，一定比例的学生长期跟随祖父母或外祖父母生活的他们容易缺少家庭的监护和亲情的关爱，这种情况极易造成学生情感的缺失。所以，寄宿制学校同时承担着传授文化知识和对学生进行德育、生活指导、心理辅导等一些家庭教育功能。

教育家罗素指出："教育要想使儿童过美好的生活，不仅要有吸取知识的满足感，还要能体验生活中其他美好的事物。"有些教育工作者还把课余活动放在与课堂教学同等重要的位置，称其为"第二课堂"。在"双减"的背景下，农村中学教师学会激发学生的学习动力，尽可能地组织学生参与到学习中，有效地提高自己的教育教学和管理方法是迫在眉睫的。作为农村中学教师，我认为我们要做到以下几点。

一、努力提升自身的综合能力

在新课程改革的背景下，教师要适应新课程和新理念，始终走在教育的前端，必须具备三个能力。

1. 学习能力

现代社会是学习型社会，作为教师，我们要善于学习，掌握科学的学习方法，提高学习效果；要树立良好学风，做到学以致用，不仅向书本学，更要向社会学，向实践学；要不断汲取新知识、新信息，开阔视野，充实自己，更好地履行教书育人的神圣使命。

教师首先要树立"终身学习"的理念。当今世界科学技术飞速发展，信息的传播速度加快，这些都需要人们从一次性学习向终身学习转变。没有知识的不断更新，就没有"源头活水来"。其次要主动学习。主动学习是"知学—好学—乐学"的过程，其核心是乐学，即对学习怀有浓厚的兴趣。一个人只有对学习产生浓厚的兴趣，才能专心致志、学而不厌、求得真知。最后是创新学习。创新学习区别于传统的灌输学习，它是在理解的基础上的深入思考、积极探索和大胆创新。创新学习的基础是理解，核心是探究，本质是发现新问题，即在融会贯通的基础上举一反三，学习新知识、新思想、新理论。创新学习能够最大限度地调动学习者的学习积极性，实现学中有思，学中有问，学中有研，学中有写，学中有记，问、研、写、记有机结合，这样不仅能最快地内化学习内容，提高学习效率，而且能开启智慧，提高创新素质。

2. 创新能力

创新存在于人类活动的一切领域中，有创新，就有进步。创新能力即思想解放，视域开阔，与时俱进，具有创新精神和创新勇气：掌握创新方法、技能，培养创新思维方式；对新事物敏感，善于发现、扶植新生事物，总结经验；善于分析新情况，提出新思路，解决新问题，结合实际创造性地开展工作。

因此，我们要勇于创新，不墨守成规。值此新课程改革之机，教师们要大胆突破旧有教学模式，尝试新思路、新方法，走出一条有个人鲜明特色的教学之路。

3. 科研能力

教育科研活动是提高教育教学质量，办人民满意教育的坚强保障，也是

"科教兴国""人才强国"战略的最基础性的工作之一。我们教师提升教育科研能力要从以下几个方面着手：首先要提升教育理论专著的阅读能力。我们只有不断汲取理论精华，丰富自己的专业知识底蕴，奠定科研活动基础。其次要培养文献检索能力。在信息时代，文献资料浩如烟海，每天呈几何倍数增长，为此，我们要提高各类文献的检索和阅读能力，并从中找到自己的科研方向。再次要加强实验的设计与操作能力。我们应积极参与、学习相关的实验设计，认真进行科研实验活动，加强实验的操作能力，增强自身科研实践能力，培养严谨的科研态度，为今后的实验教学工作打下坚实的基础。最后要提高论文、报告的写作能力。科学研究都是以文字的形式呈现的，因此，要求教师们注重写作能力的培养，多读书，多思考，勤观察，勤记录。综上，我们教师要积极参加教育教学实践，用理论去指导实践，用实践去检验理论，理论与实践始终紧密结合。

二、教有爱心、育要细心、管要"狠心"

爱心是开展教育工作的前提条件。我们作为教师要真心实意地爱学生，要有"捧着一颗心来，不带走半根草"的奉献精神。在学习上当学生的严师，在生活上当"慈母"，没有爱就不能教育好学生，就不可能有成功的教育。记得有这么一句话：教师的爱应该洒满教室的每一个角落。不论是优秀生还是"后进生"，都应该倾注教师的爱。首先要让学生感受到老师是喜欢他们的，是重视他们的，是关心他们的。我们学校的学生大部分是独生子女，其父母大部分学历不高、学识不深，少有科学的教育方法。家长们要为生活奔波，早出晚归，辛勤工作，缺少跟孩子的思想和学习的交流。学生大部分的时间是在学校度过或周末和他们的爷爷奶奶、姥姥老爷生活在一块，缺少跟父母玩耍和交流谈心的机会，他们有的仅仅是父母拖着疲惫的身子回家后的一顿唠叨，爷爷奶奶、姥姥姥爷一味地放纵和娇惯。因此，他们的生活往往以自我为中心，很难做到理解、宽容、关心别人。他们在学校里常常随性而为。因此，对于这些学生，与他们的情感交流是非常重要的。有了情感的交流，学生信任老师，愿意亲近老师，和老师沟通。我一直认为情感交流的基础在于有"爱"！因为有爱的教育事业才是有意义和生命力的！

　　记得有一个学生，他对于喜欢的学科上课时就很认真、很主动，对于不喜欢的学科就干脆不学，上课时就看小说、睡觉，甚至还在课堂上捣乱。于是，我找到他，但没有严厉地批评，而是和他谈生活；慢慢引导到谈他父母的工作上；进而又把学习和父母的工作相比较，让他认识到现的学习就是他的工作，工作就得有工作的规章制度，我们不能挑工作，同样学习也得有学习的规定，我们也不能挑学科。最后，他认识到并改正了自己的问题。

　　对于类似这样的学生，首先需要我们细心地去发现他们行为上的变化和心理的波动；然后和他们沟通，耐心地去疏导他们，关心、爱护他们。走进他们的生活，走进他们的心里，找出他们的问题，然后要"狠心"地对每处问题严肃处理，纠正他们的错误行为，让他们始终沿着一个正确的道路前进。

　　学生的接受能力存在着很大的差异，两极分化现象普遍存在，有些学生甚至已经消磨掉了学习上的好习惯，因此，我们在授课过程中，不能去强求划一，而应该耐心辅导，因材施教。学生取得了一点成绩应该及时肯定；找到学生的闪光点，让学生更加积极主动地热爱学习，喜欢学习。今天没教会，明天再教，没学好，后天再来，只要有耐心，每个学生都会有进步的。现在想想自己刚教书的时候，有的学生接受能力比较慢，急得我满头大汗。后来想想，他们才这么大点的孩子，得一步步来，千万不可心急，"心急吃不了热豆腐"。而学生良好的性格并非一朝一夕形成的，需要我们教师做耐心细致的工作，持之以恒。教师必须经常观察学生在学校的一举一动，发现不良行为要随时纠正，以培养学生良好的行为习惯。

　　另外，教师不仅要平等对待每位学生，而且要用更多的时间、精力和爱心去感化"后进生"，培养他们的自尊心、自信心，使每个学生都健康快乐地成长。"细节决定成败"，这里的细节就是做事要细心。我们在备课时要细心，批作业时要细心，课堂教学时要细心，虽然这些工作繁琐，但只要我们做得细致入微，相信一定能影响和教育学生。

三、做一名学生家长的心理疏导员

我们学校很多学生的家长虽然对孩子也寄予厚望，但是他们的工作繁重，通常是早出晚归，所以他们对孩子的教育有时候是有心无力，甚至有的到最后是任凭孩子自己去发展放任自流了。

我带的第一届毕业班有一个学生，上课时睡觉、看小说，下课时抽烟、打架，晚上经常去网吧。有一次，我去家访，他父亲说："我们也管不了了，只要他在学校不出什么事情，学习不学习的无所谓了，等毕业以后自己想干点什么就干点什么吧！"我当时真的很吃惊，如果父母始终是这样一个态度的话，孩子以后肯定要走弯路的。我赶紧劝导他的父母：这种思想绝对不能有，孩子现在还小，有些事情不明白，没有父母的约束很容易走弯路，父母现在努力赚钱就是为了他有个好的生活。如果父母不再管教他，可能现在赚的还不够他一天挥霍的。哪怕现在少赚点，也要多拿出点时间来约束、教育他，让他有所改变，走在正确的人生之路上。后来我们又陆续地交流了一些问题和想法，总算是把他父母的思想转变了一些，使他们加强了对孩子的管理。后来这个学生渐渐地改变了，毕业以后上了一所职业学校。

学生一般存在以下几方面情形：1.行为习惯比较差，自我控制能力不佳。表现为校内不能遵守基本的行为规范，经常违反课堂纪律，自我约束和控制能力较低。他们的学习态度不够端正，听课习惯和效果不佳，作业书写不规范、质量较低，学习成绩往往不理想。成绩不理想使他们受到教师、家长或同学的歧视，长此以往，极易出现心理问题。2.周末离校后，缺乏家长的配合管理和有效监督，个别家长甚至对孩子产生负面影响，加大了学生出现问题的概率。3.因为缺乏起码的是非善恶观念的引导，加上交友不善，法制观念淡薄，学生容易沾染不良习惯，一旦教师和家长引导不当、措施不力，极易引起突发事件。4.为人偏执，遇事冲动，产生了极强的逆反性心理障碍，极易造成严重后果。5.这部分学生有较强的自尊心，有想得到别人尊重的强烈愿望；他们不能正确地估计自己的长处、认识自己的不足。6.这部分学生很爱面子，自己做错了也不敢承认，不敢面对现实，总想别人给台阶他（她）下。

我们遇到这样的学生时，第一应多与他们沟通交流，因为每个学生都是一个独特的个体，都是在不断发展的，在成长过程中肯定会遇到各种各样的问题，我们一定要用发展的眼光去认识学生，不断与他们沟通。老师只有给学生，尤其是那些现在还没有找到目标的学生以真挚的爱，他们才会"亲其师而信其道"，教师的疏导才会起作用。所以我们一定要有耐心，处理问题不能冲动，认识到困难的程度，要预见到学生的反复，永不放弃努力。与学生沟通的方法、途径很多，我们要在实践中不断摸索、发现、总结，建立和谐的师生关系，营造和谐的教育教学环境，努力让所有学生在和谐的环境中学习成长、健康发展。

所以，在农村寄宿制学校中教学，我们不仅要做好平时的教育教学工作，还要做好学生的思想工作，做好学生家长的思想工作。

四、做一名学生职业的规划者

学生从走进校门的那一刻就注定要用所学的知识武装自己，让自己在以后的事业中有所作为。由于很多农村学校没有专业的就业指导教师，导致很多学生在人生抉择职业生涯规划方面很迷茫，比如不知道喜欢什么专业，是去更高的学府学习知识，还是去职业学校学习技能，等等。我在一次问卷调查中也发现：大部分学生对以后干什么他们都说无所谓；自己喜欢什么职业，适合做什么都不清楚。鉴于此种情况，做好学生的职业生涯规划势在必行。所谓中学生职业生涯规划，就是让中学生尽早认识自我、认识职业、认识教育与职业的关系、学会职业决策，从小根据自己感兴趣的职业目标，从知识、技能和综合素质方面锻炼自己的职业竞争力。对中学生进行职业生涯规划的教育，目前在学校教育中还存在严重的缺失，并未得到应有的重视，从而造成中学生对自我认识的不足，对人生目标和职业生涯规划很茫然，缺乏学习动力。

因此，我们要在日常的教学工作中，不断发现学生的爱好，从5个方面来帮助学生规划：了解自己有哪些能力、优势，尽量去发扬和提升这些优势能力；了解自己的职业兴趣；确立一个职业方向，确立一个具体的职业目标；分析目标职业，该职业对于哪些能力的要求较高，对于学历的要求，对于英语的要求等；朝着这个目标，努力去提升自己的能力、学历、素质。然后根据学生的爱好设计相应的职业规划测试，培养他们的兴趣，慢慢地使他们形成自己的爱好，根据自己的爱好，选择自己的职业。

教育永无止境，教学永无定法，教师自身业务水平提高永无顶峰。学生在一批批地毕业，路在一步步地走，只要心中有爱，教育之花总会开放。我愿扎根农村，奉献农村，做农村寄宿制学校教育的铺路石，为继续坚守在农村教育事业的年轻同事做指明灯。

名师简介：

李宗强，一级教师，先后担任官庄中学物理教师、团委书记、教导主任，现任官庄中学党支部副书记。先后获得平度市物理教学能手、学科带头人、青岛市优秀教师、特级教师等称号，入选首届山东省优秀青年教师培养计划。

寄语： 潜心探索学科教学特点，着力打造理想课堂，回归教育本真，充分挖掘潜能，培养学科素养，让课堂变成学生汲取知识飞扬灵性的舞台，真正让学生在课堂上感受到精神脉搏的欢悦，享受到生命成长的快乐！用"心"做教育，用"爱"做教育，你一定会成为学生喜欢、家长放心、社会需要的优秀教师。

爱让梦想开花结果

日照山海天旅游度假区两城中学　郍兴芳

每个人的人生不一定是辉煌的，但都有各自存在的意义和价值。只要心中有梦想，它就会指引你方向，促使你进步，鼓励你前行，到达成功的彼岸。在实现梦想的过程中，唯有爱与被爱才能让梦想插上心灵的翅膀，让梦想早日开花结果。

教师是人类灵魂的工程师，是太阳底下最光辉的职业。"长大了我一定要当老师"，这个梦想的种子在我幼小的心里早已扎根发芽。

记得小时候，母亲身体不好，又忙于农活，顾不上管我，那时又没有幼儿园，所以年幼的姐姐就挑起了带着我上学的重任。不曾想到，跟着大哥哥、大姐姐上学的我却从此爱上了学习。由于年龄太小、个子最矮，但爱学习，又很懂事，老师会因偏爱经常夸我，这份爱让我感受到学习的无穷乐趣，进而对学习产生了无尽的动力。我每天放学回家都会自信地模仿老师，并把学到的东西讲给母亲听，母亲总是充满爱意和欣赏地说："你真棒！好好学习长大了咱就当老师。"这个梦想就这样埋藏在了心底。

爱与被爱总是让时间变得稍纵即逝。小学毕业了，我又以最小的年龄和优异的成绩升入初中。在这里，有一位老师让我更加坚定了当老师的信念。

她就是我的数学老师田洪珍。她端庄高雅，严肃又不失慈祥，更重要的是她非常喜欢我，在学习上给予了我很多的关爱和帮助，遇到困难时给予了我母亲般的鼓励，从此她成了我心中的"女神"，当时我就发誓，长大了一定要做她这样的老师！在小学、初中、高中时我遇到了很多我喜欢的老师，他们对我的爱，让我不断地克服困难，勇敢前行。终于，20岁的我大学毕业后回到了我的母校，站到了梦寐以求的讲台上，真正成为一名光荣的人民教师，那时激动的心情无法用语言来形容。世界上最快乐的事，莫过于为梦想而奋斗。敢于梦想，勇于梦想，这个世界永远属于追梦的人。"经师易得，人师难求。"一个人遇到好老师，这是一生的幸运，我就是那个幸运者。"教诲是条漫长的道路，榜样却是最快的捷径"，我暗下决心，在未来的教学工作中我也要做一个"我爱学生、学生爱我的好老师"。我也要成为他们心目中的"女神"！

当时，我所在的乡村学校很多年没有招聘物理老师了，所以我成了最年轻的教师，自然要肩负重任。学校安排我5个班的物理课，虽然有压力，但我坚信，爱这份工作、爱我的学生，就一定会成功。于是我把压力变成动力，开始了我的教学工作。说实在的，我比学生大不了多少，看到黑压压的一群孩子还是很紧张的，但这么多年对梦想的追求让我很快进入了状态，看到孩子们一双双求知的眼睛，让我坚信，我一定会成为一名学生喜欢、家长放心、同事认可、领导信任的教师。

良好的开端是成功的一半。首先，我充分利用我的同事就是我的老师这个优越的条件，虚心向他们学习请教，老师们毫不保留、不厌其烦地把经验传授给了我，让我很快掌握了如何轻松驾驭课堂。几周后的青年教师基本功展示课，听课的领导和老师给予了我高度的评价：基本功扎实，课堂设计思路清晰，学生学习气氛浓厚等，他们的评价给我的梦想打了一针催化剂，让我的梦想开了花。我非常幸运能够遇到他们，是他们的肯定给予了我前进的勇气和力量。我的幸运不止如此，不久后，县教研员来我们学校调研，要听一节物理课，自然我这位新教师要接受考验了。对我来说这是一次很好的展示自我的机会，虽然开始有点紧张，但自信让我很快调整了状态，完全不紧张了，我的最大优点就这样第一次被挖掘出来了，成功地上完了这节课，我受到了教研员的高度赞扬。鉴于我是刚站到讲台没多久的新教师，教研员给我提出很多宝贵意见，并寄予更高的期望。因此，我在学校小有名声，我的工作干劲更大了，学校也给我提供了强有力的支持，外出学习我是首选。学习优秀教师的宝贵经验然后用于自己的课堂教学，我的业务水平迅速得到了提高。本来开始我担心自己管不了学生，学生会不把我这个"小老师"放在眼里。结果发现这个担心是多余的，孩子们在课堂上很配合我，听课非常认真。我非常感谢他们，是他们给予了我自信，让我尽情地展现个人魅力。孩子那么喜欢我，那么喜欢我的课堂，我一定要继续努力，完善自己的专业素养，提升自己的业务水平，带领他们变得更加优秀。于是，我就想尽一切办法调动学生的学习积极性。期末考试结束，我所带班级的成绩名列前茅。我深刻认识到，这么多年的梦想坚持是值得的，我的选择是对的，我会继续加油！走向成功！我暗暗发誓：一定要以饱满的热情、严谨的治学态度让我的梦想硕果累累！

一、精心备课，打造精彩课堂

我深知一个教师的专业成长，是从日复一日地"家常课"中磨炼出来的，真正优秀的教师是"用课标教，用生活教"。只有在备课上下大功夫，才能最大限度地调动学生的学习积极性，培养他们学习物理的兴趣，提高学生课堂学习的参与度，才能更好地带领学生在知识的海洋里遨游，才能打造精彩的高效课堂。所以我把精力大都放在备课上了。我先按照自己对课程的理解，根据当前学生的实际，备一个详案；再翻阅教参、资料看一下别人如何处理这个知识点、如何突出这节课的重点、如何突破这节课的难点，然后再去请教有经验的教师是如何做的，这么做的优点是什么，再反复改动教案；用改完的教案上完课后，回想一下上课时知识的生成过程和学生的知识掌握情况，不断反思，再修改教案保存。力求"家常课"按照优质课的方式来上，力求每一节课、每一篇教案、每一个环节都有自己独特的思路。虽然每节物理课知识点的内容没变，但是时代在变，学生理解的物理情景在变，所以老师的教学方式要变，学生的学习方式也要变。这就是所谓的"课常备常新"。参加工作一年后，在1999年我就参加了县优质课评选并荣获一等奖，其后多次荣获市县讲课说课比赛、教案设计、论文比赛一等奖。2002年，经县教育局考核批准被评为县级初中物理教学能手。由于所带班级学业水平测试成绩遥遥领先，所以我多次在全县教学研讨会上讲公开课、经验交流、中考试卷成绩分析等。2013年，被授予日照市初中物理教学能手。经过长达24年的一线教学，我不断实践、反思、修改，使每堂课都在不断地完善、创新、与时俱进着。这是我教学生涯中一笔宝贵的财富，为此我也收获了更多的成功与喜悦。

二、教学改革，成就高效课堂

（一）创设情境，激活课堂

为了促进自己专业成长，大胆进行教学改革，每一堂课我都会创设特别能触动学生求知欲望的情境，激发他们学习物理的热情。例如，我在讲"内能"这一节课时，先播放一个火山喷发的惊心动魄的场景，让学生从视觉上产生强烈的震撼，进而从内心完全意识到"内能"这一能量的巨大，自然留下了难以磨灭的印象，为后面的学习也打下了坚实的基础。再如学习"温度"这一节时，我会组织举办"小小天气预报员"比赛，从中折射出他们准备过程中对课本知识的理解的深度和广度，也培养了学生语言表达能力和知识地收集能力。在讲"扩散"时，我会安排"嗅觉大比拼"，同学们争先恐后地展示。我问学生："你们为什么能辨别出这些物质？"从学生的回答中自然就引入了分子是在不停地做无规则运动的。讲"速度"时，我会安排三个学生从教室讲台同时出发，看谁最先回到讲台，其他学生当裁判，各小组设计比赛方案。这样既让学生思考了判断快慢的方法，又让学生收获了参与其中获取知识的快乐，从而对"速度"的理解由难变易，留下了深刻的印象。讲"重力"时，我会播放"太空女神"王亚平的"空中授课"，让学生感受失重下的各种状态，再联想到自己的生活状态，自然就认识到重力的存在，从而对重力的知识产生了浓厚的兴趣。创设有效的情境，可以让学生从视觉、触觉、感觉产生共鸣，引发大脑思考，从而激活课堂。

（二）走进生活，体验探究

生活是教学的资源库，教学不应局限于课本，也不应局限于课堂，生活处处是教材，社会就是大课堂。我们要让物理课堂洋溢着生活的气息，真正实现"从生活走向物理，从物理走向生活"。在这种理念的引领下，我带领我们组的老师开展了"让学生在生活体验中学习物理的教学"探索活动。例如，在讲"晶体熔化"这一节课之前，我给学生发了一只实验室温度计，利用周末设计实验探究冰块熔化过程中的温度变化特点以及状态的变化，并设计表格将具体情况记录下来。通过亲自体验，学生对晶体的熔化规律就比较容易理解并接受了。这个实验可操作性较强，完成较好的同学我还给予表扬和奖励，大大提高了他们建立自己的家庭实验室，动手实验探究的兴趣。我再带领同学针对他们的实验展开讨论，查找不足，及时完善，他们动手、动脑的能力得到了较大提高。在讲"液体压强"的特点时，我让同学们利用饮料瓶自己设计实验探究液体压强特点。看到他们在课堂上为证明自己的实验方案好而与其他同学争论的面红耳赤时，我的内心被触动了。学生们这种实践和探究的精神深深打动了我。在讲"沸腾"时，我会让他们帮妈妈烧一壶水，记录沸腾前和沸腾时气泡的特点，以及沸腾时的现象，从中探究规律。讲完"速度"后，我会安排学生们周末测一次平均速度。学生交上来的实验报告很是精彩：有的学生利用自行车轮测距离，有的学生用电动车测距离，有的学生用爸爸的轿车测距离，有的学生用路标看距离，测的时间基本是一致的，这足以证明学生们用心思考了，用学过的知识解决问题了，更证明他们以饱满的热情在学物理，我感到万分欣慰。更让我感动的是疫情期间很多学生在家自己制作小实验，录制视频发给我，这一切都证明他们已经把实验探究当作一种乐趣了。

（三）小组合作，共同进步

苏霍姆林斯基在《给教师的建议》中指出了这样一种现象：有一种可怕的危险，这就是学生坐在课桌后面而无所事事。我要让我的学生人人有事干。于是我就划分了小组，每组成员都有各个层次的学生，然后给他们安排了组长，其他成员各负其责。基础差的学生负责每天上课前对上一节课基础知识的检查，目的就是让他们在检查的过程中掌握基础知识；作业拖沓的学生负责检查作业的完成情况，目的也是督促他的作业按时完成；自我管理能力较弱的学生，负责课堂纪律的监督，组长负责各项任务的监控，及时汇报老师，我会每天抽查完成情况。一开始这项工作确实进展不顺利，但我及时跟踪、发现问题，解决问题，以及表扬优秀的小组，很快他们习以为常。看到他们争当优秀、团结合作的状态，我别提有多宽慰了。我在课堂中还安排了回答问题积极的学生会给小组加分。所以，每次骨干教师示范课都会让听课老师很吃惊："你们班学生怎么这么棒！"这是因为课堂上我会尽量把回答问题的机会留给学生。到初三的下学期，班里会有一大批被我培养出的"小老师"。因为小组内相互帮助，日复一日锻炼了这方面的能力。在课堂分组实验中，他们在组长的带领下，团结合作，完成实验探究。合作学习是一种很好的共同进步模式，通过合作学习，基础扎实的学生可以帮助基础薄弱的，既可以促进同学间学习上的互相帮助、共同提高；又能增进同学间的感情交流，改善他们的人际关系。小组合作过程中学生在一起自由地交流、讨论，营造了一种宽松、和谐的学习氛围，大大激发了学习的积极性和主动性，并有效挖掘各自的学习潜能，提高学习能力和效率。

为打造有效课堂教学，我带领全组老师积极开展集体备课、组内听评课、作业批改展示、分层作业布置、多媒体辅助教学培训等活动。通过相互学习，全组成员教学水平迅速提高，多次荣获优秀教研组，青年教师多次参加比赛并获奖。这些经历也让我受益良多：2007年，我被聘为县兼职教研员，撰写的《物理教学中把科学探究延伸到课外》荣获全省优秀论文评选一等奖，2008年我荣获山东省信息技术与课程整合优质课评选一等奖，2011年荣获市级优质课评选二等奖，2018年在山东省"一师一优课、一课一名师"活动被评为"优课"。有的老师会问我，为何如此痴情于课堂，只有我自己最清楚，这一切都源于我对这份工作的热爱。

我的学生王儒涵说："邴老师的物理课，思路清晰，重点突出，能把极为复杂的道理而深入浅出地表述出来。同学们都喜欢上她的物理课。"

同行物理教师牟宗合说："邴兴芳的物理课，敢于突破传统的束缚和范式，大胆尝试新的先进的方法和模式，全面洞察学生的发展和需要，培养学生的创新能力和实践精神。"

三、走近学生，做他们的良师益友

有人说："只要心中充满爱，哪个孩子都可爱。"爱是世界上最美的语言，是教育的全部内涵，是教师心中最圣洁的情感。作为一名教师，我始终充满着一颗爱心，公平公正地对待每一位学生。爱让我走进学生心中。

我了解到由于学习习惯养成的缺失，班级内存在着数量不少的"学困生"。他们基础知识不牢固，学习状态低迷。我立刻从"三个优先"来做"学困生"的转化工作：课上作业优先辅导，课后作业优先面批，表扬鼓励优先及时，从赏识教育着手，寻找他们的优点，增强他们的信心。作为教师有义务有责任平等地对待每一个学生，促进每一个学生健康快乐地成长。有一个学生让我印象很深刻，这位学生基础知识非常薄弱，但在我的帮助和鼓励下，学习热情非常高。当她一次次来问问题时，总会对我说："老师，我虽笨，但我决不放弃。"我被她的永不言弃的精神深深地打动了，还有什么理由不去帮助她呢？

当学生没有考好，愧疚地向我保证下次一定考好；当新学期开始，学生们主动来办公室抱抱我；疫情期间收到这些孩子们想我的信息时……我感觉我是最幸福的人。因此，我坚守"不放弃每一个学生"的教育理念，用我的真诚和智慧给他们一个被别人认可的机会，让他们重新认识自我，赏识自我，在他们幼小的心灵中，点燃追求进步的火把。

在日常的教育教学工作中，我和学生建立了良好的师生关系，学生遇到不会的问题，我总是诲人不倦，不管在课上还是在课下。我的学生学习物理的热情日益高涨，多名学生参加竞赛获奖。我也因此在2005年、2006年、2007年连续三年荣获全国初中物理知识竞赛优秀指导教师奖。

我的学生邵玉婷说："邴兴芳老师在辅导学生的过程中总是不厌其烦地解答。"

在工作之余，我会关注生活上有困难的学生，2007年，我无意中听到同事在聊：有个学生太可惜了，学习不错，但母亲早逝，继母不舍得为他花钱，面临辍学。了解这个情况后，我每学期拿出600元，帮助这个学生继续完成学业，两年后这个同学以优异的成绩考入了重点高中。2011年，我又资助了我班两名困难学生，为了保护他们的自尊心，我没有让学校知道。虽然我的力量太小，但我无愧于心。

物理教师刘丽说："邝兴芳老师之所以深受学生爱戴，最关键的一点就是对学生的真情关爱。"

2008年我被评为全县师德先进个人，最让我感到幸福的是，学生远远望见我就大喊"女神"。我想成为学生心目中女神的梦想实现了。

四、学习教育理论，提高业务素质

读一本好书，就是一次与大师的对话，与智者的交流。为了提高业务素质，增长职业智慧，使自己的教育教学闪烁着睿智的光彩，我认真学习了《教育新理念》《何炳章教育文选》《课堂教学技艺》《给教师的100条建议》《为真学而教》《走进名师课堂》等教育理论书籍，积极参加各种形式的培训，不错过任何学习的机会。我充分利用现代网络资源，凡是有课堂实录或视频在线的网站，有时间就下载观看，促进自己的专业成长。针对自己教学实际中的困惑和矛盾，借助"教师论坛"，提出自己的疑问。在与教研组交流的基础上，提出有研究价值的问题，共同讨论，互相学习，互相促进，共同提高。正如赞可夫所说："如果教师本身就燃烧着对知识的渴望，学生就会迷恋于知识的获取。"

五、课题研究，促进专业成长

科研立教、科研兴校、科研强师。进行课题研究有助于转变学生传统的学习方式和培养学生的创新精神、实践能力。在中学物理教学中开展课题研究是社会发展的需要，是教学改革的必然趋势。在教学过程中发现同一班级里的学生的水平存在着差异，这就要求我们在课前准备时，要针对不同层次的学生设计不同的目标，不同的问题。对于学习能力相对较差的学生设计一些起点低、难度小、步骤细、思维跨度小的问题，以此提高学生学习的兴趣，增强学生的自信心；对于学习能力较好的学生设计一些起点高、难度大、思维跨度大的问题，以充分体现他们的学习能力，满足其挑战欲。要根据物理学科特点及学生之间的个体差异，设计不同层次的教学目标。针对学生对知识理解的层次不同，设置不同层次的练习，布置不同层次的作业，制定不同层次的评价标准，才能让不同层次的学生都能在物理课堂上有所收获，同时老师也能及时予以准确的评价，可以最大限度地激发学生的学习兴趣，进而使学生能积极主动地投入到物理学习中去。

如何将提高学生探究能力落到实处呢？最好的方法就是让学生"动"起来，参与到实践中去，让学生亲身经历探究的过程，在探究的过程中获得感受和体验。有些课堂教学，教师教的"千辛万苦"，学生学得"苦不堪言"。我更加认识到让学生在体验中学习物理的重要性，所以，2009年我主持研究了课题《让学生在体验中学习物理》，并于2011年顺利结题。通过课题的研究，学生在学习中体验到了学习的乐趣，收获了成功的喜悦，感受到了知识的无穷魅力，体会到了科学探索的永无止境。同学们在学习过程中建立了自己的家庭实验室，培养了实验探究能力和创新精神。

学源于思，思源于疑。物理学家爱因斯坦说："提出一个问题，往往比解决一个问题更重要。"因此在教学中还要启发引导学生在学习中发现问题，提出问题的同时，找出解决问题的办法。鼓励学生从多角度、多层次思考问题，充分挖掘学生的潜在能力，增强其发现问题、解决问题、分析问题的能力。于是2014年我又主持研究了课题《以"问题解决"为主线的物理课堂教学探究》，并发表了论文《在物理教学中应用问题探究法培养创新人才》。

物理是一门以实验为基础的学科，《初中物理新课程标准》指出："物理教学要以实验为中心。"爱因斯坦有句名言："兴趣是最好的老师。"而培养学生学习兴趣的最有效方法就是重视和加强学生的实验教学。为了更好地进行实验教学的研究，2015年我加入山东省特级教师马先艳主持的课题《基于实验课有效教学的初中物理课堂观察研究》研究团队，在研究过程中我收获颇丰，进步很快。2018年我荣获了市实验教学说课一等奖，省实验说课二等奖。

初中物理学科核心素养要求学生在物理学习过程中，以物理学科知识为载体，通过亲身参与学科实践，亲身经历学科知识的诞生过程，从而形成正确的物理观念、科学思维、科学探究、科学态度与责任，逐步形成适应个人终身发展和社会发展需要的核心价值和能力。初中物理教学是以实验为基础的教学，2019年教育部专门出台了《关于加强和改进中小学实验教学的意见》，对实验教学提出了指导和建议，实验教学在培养学生的核心素养方面具有重要的意义。我们加强学生物理学科核心素养的培养，关键是重视以实验教学为主导的教学模式。因此需要我们积极地进行物理实验教学方法创新与实践探索研究。

点石成金的爱是世界上最伟大的爱。当我慈祥的微笑、赞许的目光、亲切的话语，连同作业上的批语，在孩子心中激起涟漪时，我才真正领会到"教师"二字的丰富内涵，真正明白"教师"二字所包含的深重责任。作为一名山海天教育人，我将不断地开拓创新，超越自我，把真诚和热情奉献给我深爱的教育事业。

名师简介：

郝兴芳，高级教师，日照山海天旅游度假区两城中学物理教师。曾获日照市初中物理教学能手、师德先进个人等荣誉称号；多次获省市县优质课、说课一等奖；多次主持并参与省市级实验课题。发表论文多篇，多次荣获省优秀论文评选一等奖。

关于教师成长这些事

枣庄市市中区西王庄镇中学　徐　波

"育人者先育己，是为智；正人者先正己，是为德；智德兼备者，方为人师。"作为一名教师，首先自己要加强学习，不断成长。教师成长是一个持续不断的发展过程，也是一个不断深化的过程。下面结合我的经历谈谈关于教师成长的这些事。

一、我的成长之路

做任何事情都有一个起点，而良好的开始对以后的路有着举足轻重的作用。我从教生涯的起点是滕州市一所高中，这所学校有浓厚的学习氛围，学校里有许多博学多才、从教经验丰富的优秀教师，而物理组更是人才辈出。所以我初登讲台就遇到了许多好老师，他们对我的帮助是使我很快站稳讲台并快速成长起来的强劲助力。初到一个陌生的学校，由课桌到讲桌的身份转换令我很不适应。记得第一次上课，我连说话都带着颤音，一节课度秒如年，上完后带着一身汗。这个时期，我们的教研组长李老师和备课组长郝老师给予我很大的帮助。有一段时间，我天天去听郝老师的课，参考他的备课来写我的。备课时我有不懂的问题向他请教，他都不厌其烦地予以指导。渐渐的，我的业务能力提高了，课堂教学水平逐步上升。所以，我认为刚入职的新教师一定要先拜师，找一位经验丰富的优秀导师。

　　那个时候我一周回一次家，平时住校没有手机，网络也不顺畅，因此，有大把的时间花在研究试题、研究教学方法、制作课件、研究学情等备课活动，以及跟学生谈话上了。每天除了吃饭睡觉，基本都泡在办公室里，那时候的心思也很单纯，就是想着做了就要做好，不能耽误学生，所以就凭着这质朴的想法驱动着我的成长进步。一年后，在滕州市青年教师优质课评比活动中，我获得了一等奖。这是对我工作的肯定，也是对我极大的鼓舞，我的"油箱"里又加满了油！于是我怀着更大的热情，投入到教学工作中去。再总结一下，趁着年轻要全身心地投入热情和精力，这是我最有时间、有激情，进步最快的时期，千万不能"躺平"。

　　在滕州从教的过程中有一个小小的经历，令我至今难忘。当时学校领导有推门听课的传统，有一天，杜校长突然走进了我的课堂。听课后，他给我提出了几点建议，我记忆最深的是这样一句："一盏50瓦的白炽灯，哪有卖的？我们举例子也要尊重客观事实，这样才能更加令学生信服。"当时年轻气盛，我不以为然，认为只要道理讲明白了，还要在乎这些细节吗？后来我读了一本书，叫《细节决定成败》，看完这本书再加上我阅历的增加，我才真正明白杜校长的用意。于是我更加重视细节，不断打磨自己的能力，先后又获得了一次滕州市优质课一等奖和滕州市"教学新星"的称号。那个时候我还没有考编，只是一名普通的代课老师，但是作为我教学生涯的起点，这里对我的成长、成熟有着极为重要的作用。这里的经验就是对待教学，我们要精益求精，注重细节，要有追求卓越的精神。

　　后来，我参加了招考，成为一名普通的乡镇中学教师，并来到了我现在的学校。鉴于我的经历，学校对我很器重，直接让我接了初三的课。当然，我也不辱使命，所教班级物理成绩也还不错。这样过了几年，有一年学校准备给我安排班主任的工作。我之前一直不当班主任，觉得班主任责任大、任务重，整天忙得团团转。学校领导做我的工作，说："没当过班主任的教学生涯是不完整的。"于是我就开始当起了班主任，这一当就没放下过。我才感受到班主任和课任教师的区别，不仅仅是和学生的感情更深了，而且观察学生的角度更加全面了，与家长的交流更多了。这使我对教学，对教师这一职业的理解又有了新的认识：教师不仅仅要教好书，更要育好人。2017年，我所带的班级升入重点高中人数创学校历史新高，我们班获得枣庄市"优秀班集体"的称号，我也被评为区优秀教师。所以，年轻的老师们，一定要当一当班主任！

二、如何做一名好老师

2014年第30个教师节前夕，习近平总书记考察北京师范大学并同师生代表座谈时提出了有理想信念、有道德情操、有扎实学识、有仁爱之心的"四有"好老师。他从党和国家发展的角度，从推动中华民族复兴的高度对广大教育工作者提出了"四有"好老师的标准。下面我仅仅从个人的角度，结合我身边的一些优秀教师所体现出来的共同的特质，谈谈我的理解。

（一）要有理想信念

在教学中，我们总是要求学生树立远大的理想。那么，作为一名为祖国培养下一代接班人的人民教师，首先要有坚定的理想和信念。正如习总书记说的："正确理想信念是教书育人、播种未来的指路明灯。不能想象一个没有正确理想信念的人能够成为好老师。"

有了理想信念，就相当于给自己树立了长期的目标。除了长期目标，我们还要有些具体的"小目标"以及完成这些目标的计划。明确的目标会为生活和工作引导方向，就像航行中的船，如果没有方向，任何方向都可能是逆风，人生也一样，如果没有目标，去哪个方向都可能是逆行。听从自己的内心，把有限的资源和精力用在最恰当的时机、最有意义的事情上，清晰的目标是动力产生的源泉，它会不停地激励我们，把它变成现实，有目标的人成功率会比没有目标的人要大得多。说实话，我刚工作时不明白这些道理，仅凭自己的热情，一味向前冲，不讲章法和计划。等我领悟到目标和计划（也就是人生规划）的重要性时，已经错过了好多发展的机遇。所以教师要有坚定的理想信念。

（二）要有道德情操

如果说理想信念是引领的话，那么道德情操就是托底的。合格的老师首先应该是道德上的合格者，应该是以德施教、以德立身的楷模。师者为师亦为范，学高为师，德高为范。好老师应该具备高超的道德情操，最终体现在对教育事业的热爱上来。著名教育家陶行知说教育作者是："捧着一颗心来，不带半根草去"。在好老师眼里教育是一个充满理想与激情的事业，教师是一个充满智慧与爱心的职业。用理想的信念来规划发展的蓝图，激发生命的潜力，燃起生命的篝火。

俗话说："师以德为本，艺无德不立。"老师品德的高低决定了教育工作水平的成效，直接影响学生学习的成绩。教师的职业要求不仅有职业道德更应该有个人品德，要以身行之，以自身的正来潜移默化学生。所以，好的老师不仅是在传授知识上当好学生的"引路人"，更是会在思想品质上当好学生的"引路人"。

（三）要有扎实学识

1. 教师应精通自己的学科，具有扎实而渊博的知识

马可连柯说过："学生可原谅老师的严厉、刻板甚至吹毛求疵，但不能原谅他的不学无术。"苏霍母林斯基也指出："只有教师的知识面比学校教学大纲宽广得多，他才能成为教学过程的精工巧匠。"对老师来说，不仅要熟悉所教教材的基本内容，形成完整的知识体系，还要加强业务进修和广泛的学习，跟踪学科学术动态，了解新观点，掌握新信息，不断更新知识，站在学科研究的前沿，由经验型到科研型转化。每个学校、每个地区都有自己的教育特色和教育理念，而且随着时间的变化，不断更新进步。我们教师要及时把握要点，让自己跟得上教育的变化、时代的要求。

2. 良好的语言表达能力

苏霍姆林斯基说过："教师的语言修养，在很大程度上决定着学生在课堂上的脑力劳动的频率。"语言表达是一切教育工作者必备的主要能力。由于条件的限制，很多实事不能再现，需要教师依靠语言表达，把丰富的知识通过口头传授给学生。这就要求教师的语言准确清晰，具有学科性；简明练达具有逻辑性；生动活泼，具有形象性；抑扬顿挫，具有和谐性。否则即使你有再独特的见解，再深刻的解读，如果不能很好地表达，那犹如茶壶里煮饺

子——有口说不出，那学生就无从理解，也无从学习了。我认识这样一个老师，他非常善于专研，发表了大量的论文。但是他不善于言辞，说话表达能力不太好，所以他的课也教的一般，学生很难听懂。各位回忆一下自己上学时的老师，是不是有的老师讲课你听着轻松惬意，不费劲就能把握要点，掌握知识。所以我认为，一名老师从开始打算从教，就要注意练习自己的表达能力。多听听优质课，向优秀的老教师学习，在平时多参加校内、校外各种优质课评比，在参与中锻炼自己的语言表达能力。

3. 要善于反思

成长=经验+反思。这是波斯纳（Posner）关于教师成长的经典公式。叶澜教授指出："一个教师写一辈子教案不可能成为名师，但一个教师写三年教学反思就有可能成为名师。"坚持写教后记、教学随笔或教学日记，不但培养随时开展教学反思的习惯，还能让我们逐渐向专家型教师靠拢。当了好多年教师如果不会反思，不能成为思想者，只能靠别人的思想指导自己的行动，他就丧失了变得更好的资格，他的教学行为就不可能具有创造性；同时，他也不可能有所发现，以及从教育中获得愉快。陆安老师指出了写反思的深远意义，反思对于教师来说，就像生命中流淌出来的涓涓清冽的甘泉，滋润着这个特殊行业易倦怠和枯竭的心灵荒漠，使教育生命不至于空载与枯萎。我们许多老师，每天做的事莫不是前一天的重复，跟老牛拉磨没有什么两样。混混沌沌地开学，混混沌沌地放假，抱怨比鸡起得还早，比牛睡得还晚，其效果如何呢？这种教师教了三十年书跟教一年书没有什么两样，因为后二十九年是第一年的重复而已，这样的人生当然了无趣味了。荀子曰："君子博学而参省乎已，则知明而行无过矣。"做个反思型的老师，会使我们的工作多一点灵感，我们的教育生涯多一点色彩。因此，教师的成长离不开反思，我们要在反思中汲取经验，不断成长。

4. 把握机遇，借助平台

各级教育行政部门及各学校为促进教师成长，会经常组织各种比赛、评比、培训、名师工作室等活动。这是难得的成长机遇和平台，老师们要善于抓住这些机会，积极参加，不要嫌麻烦。在2020年开始我们枣庄市市中区教体局推进实施"1551"工程，为建设一支高素质的中小学名校长、名教师队伍，提升中小学教师的创新能力和教育教学水平，带动全区基础教育师资队伍建设，全面推进课堂教学改革和课程建设，提升教育教学质量，搭梯子，建平台。各工作室之间深入了解，互通有无，相互学习，彼此吸纳先进的经验，促进了各自的发展。各位积极参与其中的教师获得了提升的机会，名师、名校长培养人选在导师的引领下，快速成长，取得了可喜的成绩。我也参与其中，被列为名师培养对象，多次参加培训、"送课下乡"、同课异构教研活动，讲了多节公开课，多次参加区、市优质课评比，并取得了好成绩，还被区教体局教学研究室聘为初中物理兼职教研员，在2021年还被评为枣庄市市中区教学能手，并推荐参加枣庄市教学能手评选。像这样的机会，老师们一定要把握住，珍惜每一次学习提高的机会才能接触到新思想、新教法、新模式，使自己的业务水平的提升搭上快车。在各种活动中认识优秀的前辈，快速成长；把握稍纵即逝的机会，走在本行业的发展前列。

（四）要有仁爱之心

教师要热爱教育事业，我认为这里所说的热爱，既是指热爱事业，也指关爱学生。学生是教师施教的客体，如果不爱孩子，就谈不上热爱这个事业。美国优秀教师雷夫说："一个教师最重要的品质是用友善悦纳生命，化解矛盾，给学生一片晴朗的天空；用反思净化个性，完善工作，给自习一个跨越的平台。"从孔子、陶行知、苏霍姆林斯基身上都可以找到的共同点就是爱心。是的，爱是教育的根基，没有爱就没有教育。作为一名老师，就教育学生来讲，爱学生是最首要也是最基本的品质，是成为好教师的前提。对老师自身来讲，只有爱才能让我们在辛苦和压力中找到那一份前行的动力。如：《放牛班的春天》里，克莱门特要组建合唱队，组织所有孩子试唱确定角色和位置。我们看到，不管唱的多么差的孩子，他都给了孩子一个适当的位置。尤其令人感动的是，一个小孩一句歌词都不会唱，克莱门特却独具匠心的安排了一个最佳位置——老师的小助手（其实就是帮老师拿指挥棒、曲谱等）。所以，克莱门特·马修老师，他用心智和仁爱，感化了一群调皮的孩子，让他们学会了善良，学会了感恩，让他们冷漠的心逐渐热情。那我们呢？我们是不是也应该向他学习呢？教育是项"仁而爱人"的事业，教师要把阳光般的师爱，播撒到每一个学生的心田。教育需要一些连接教育者和受教育者的纽带和桥梁。亲其师才会信其道。爱，正是最能连接、沟通师生心灵交流的纽带和桥梁。陶行知先生曾说过"爱满天下"的感人情怀以及名言名句，又谁人不知，谁人不晓呢？高尔基说："谁爱孩子，孩子就爱谁。只有爱孩子的人，他才可以教育孩子。"

三、什么是名师

作为教育工作者，我们常常会提到名师，关于"名师"的含义我查了一下。名，就是有声誉的，大家都知道。名师，指的是在教育培训领域公认的有重大贡献和影响的学者、教师、培训师等。我们每个人心目中也有自己对名师的评判标准。有人把名师叫作"三好老师"，即干得好（高效工作）、写得好（总结反思）、讲得好（交流提升），名师应该是教育实践领域中的佼佼者。名师何以那么有名气？首先是因为课上的好，教学效果显著，受学生的欢迎，受同行的认可。其次是他们勤于写作，常有文章见诸报刊，有的还著书立说。没有突出的教育教学业绩，不能称这为有作为的真正的名师，没有形成有价值的研究成果（文章、著作），不可能是有经验、真正意义上的名师；没有自觉有效的经验成果的总结交流习惯以及较高的学术影响力，也不可能是有思想、有智慧的名师。

作为名师应该在满足优秀老师标准的基础上更进一步。不仅要在自己的本职工作中有突出的教育教学业绩，而且能够利用自己的影响力，把先进的教学思想、理念、方法在一定的范围推广开来，激起思想碰撞的火花，创新教育的灵感，带动区域内的老师们共同进步，充分发挥自己的引领作用，发现更多的好老师、名师，推动我们的教育事业更进一步发展。我认为这也是这个"名"字的另一层意思。

四、给青年教师的建议

干一行，爱一行，做好当前工作；要开好头，起好步，做好人生规划；

教育需要一点智慧。要站在学生的角度理解学生，尊重教学规律，不能靠感觉；要有底线意识，对学生、家长、同事等，都要有底线；干工作要理智，要用脑筋，不能蛮干；做事情能早做，就不推迟，特别是班主任；要有安全意识，天天讲安全，时时抓安全。此外，还要多读书，书籍是进步的阶梯。

　　教师的成长需要自立生活和自主思考，外在条件仅起到辅助作用，真正的成长还得要靠自己的努力。要遵循教师成长规律、遵循教育发展规律。当然，最重要的是自己要想进步，并为之而努力。相信每一个有理想、有思想的教师都能在成就学生的过程中，不断成长，成就自己的人生！

名师简介：

　　徐波，中小学一级教师，曾多次获山东省微课大赛一等奖，市中区优质课一等奖并执教区级公开课，枣庄市"一师一优课"一等奖、作业设计大赛一等奖等；获市中区优秀教师、教学能手等荣誉称号；发表论文《初中物理课堂提问的技巧》等。

寄语：播下一粒种子，你用骄阳去温暖它，它会破土发芽；你用春雨去滋润它，它的幼芽会指向天空；你用挫折去磨砺它，枝丫上冒出的蓓蕾会越来越大；如果你经得起平淡和寂寞，你会等到一树一树的花开，满眼繁华。

根植乡村教育　静等花开

日照市五莲县街头镇初级中学　杨海燕

记得上大学的时候，偶尔读到了臧克家先生写给特级教师斯霞的一首小诗："一个和孩子长年在一起的人，她的心灵永远活泼像清泉。一个热情培育小苗的人，她会欣赏它生长风烟。一个忘我劳动的人，她的形象在别人的记忆中活鲜。一个用心温暖别人的人，她自己的心也必然感到温暖。"正是这朴素的话语深深地影响了我，也成为我从事20多年基层教育的灯塔。

一、一支糖葫芦治愈的灵魂

1997年，我大学毕业后被分配到一个偏远的乡镇初中任教，作为物理教师的我看着破败不堪的实验室、残缺不全的实验器材，现实与理想的强烈落差使我的心情一下子跌到了谷底；加上乡镇初中最不缺的就是留守儿童，父母陪伴的缺失让部分学生叛逆难管，班上经常有桀骜不驯的学生顶撞我，这一切让我沮丧、失落。我曾深深地怀疑自己对教师职业的选择，所以刚毕业的那半年我一直过得浑浑噩噩，曾铆足了劲想考公务员，离开这个让我抵触的行业。但接下来的一件小事却温暖了我，治愈了我。1998年的元旦前夕我得了重感冒，身体抱恙加上工作的不顺心，让我的感冒迟迟的不见好转，严重的鼻塞、不停地咳嗽、嘶哑的声音，这让我上课也没个好心情，总是阴沉着脸。没想到这一切学生都看在眼中，课间有学生就问我："老师您为什么不吃药啊？"我怏怏地说："谁说我不吃药，这几天我一直在吃感冒药，就是一直没见好罢了。"中午吃完饭，两名同学进了办公室，"鬼鬼祟祟"地走到我跟前，一名同学拿出了一盒维C银翘片，小声对我说："老师，您感冒一直吃感冒通片不见好，我琢磨着是不对症，这几天这么冷，您肯定是风寒感冒。我奶奶说维C银翘片治风寒感冒特别好，我就给您拿了一盒。您吃饭后别忘了吃。"我一愣，一股暖流涌上心头，同时心里咯噔一下：当时我的工资才430元左右，乡村孩子们一周的生活费和路费没有超过10元的，一盒维C银翘片就9元，这又快到周末了孩子们的钱也该花得差不多了，哪里的钱给我买药？又联想到不久前班主任老师在办公室里断的"暂借同学物品"一案，头皮一阵发麻。于是我黑着脸问："你们哪里的钱？"两个孩子看着我严肃的面孔，小心翼翼地说："我们在班里说您的感冒老不好，心情也不好，就想给您换种药，让您快点好起来，高兴起来。同学们听了都纷纷出钱，我们考虑到同学们还得留路费，就每个人只留了两角，谁都没影响到。"说完脸上还带着一副"你快夸我"的表情。我忍不住嘴角上翘，但继续沉着脸说："还给我换药，你们是医生吗？再说换药我自己不会买吗，还用你们操心？"孩子的直觉最是灵敏，可能发现了我上翘的嘴角，他们恢复了"嬉皮笑脸"，狡黠地对望了一眼，只见另一同学就像变戏法一样从背后拿出了一支糖葫芦，对我嘿嘿一笑，说："老师您会买药，可您不会买这个，我们凑得钱还剩下一块，就给您买了一根糖葫芦，维C银翘片特别苦，您吃完后就吃一口糖葫芦，酸酸甜甜的特别开胃。"说完还盯糖葫芦咽了一下口水。我一阵无语，我还是小孩子吗？不料他俩已是等不及了："老师你快拿着吧，班主任不让我们买零食，别让他听着。"说完还偷瞄了眼坐在角落里正在批作业的班主任，我也不由自主地随着他俩的目光望向了双鬓斑白的班主任老师，只见他正忙着低头批作业，好像并没听到我们的谈话，只是嘴角带着意味不明的微笑。我接过维C银翘片和糖葫芦，内心五味杂陈，多么纯真善良的孩子们啊。我因为身体的不适就带着情绪上课，他们不但包容了我，还用爱治愈了我。咬一口糖葫芦，甜到了心底，熨平了我心中所有的不甘。从此以后，我那彷徨、迟疑的念头烟消云散，全身心地投入工作之中。

二、站稳三尺讲台，追求卓越未来

当我散尽浮躁，想要干好我的工作时，才发现在哪一行站稳脚，都不是那么容易的。我不断地反思，为什么上课学生会顶撞我？无非是不服气罢了。为什么不服气？就是因为我不够强啊！

就这样我从在理想和现实的边缘踟蹰不前到笃定前行。一路走来，很多时间节点让我欣慰，如我被评上了县教学能手、县优秀教师、市学科带头人、市优秀教师，后来就是高级教师，五莲名师，县人大代表。

这些成绩的取得除了自己的努力外，还有领导的帮助引领，同事的指导，家长的信任，学生的爱戴等。如果要从自己身上来找的话，我认为有以下四点成就了我。

（一）立身以立学为先

水尝无华，相荡乃成涟漪；石本无火，相击始发灵光。我知道只有学习才能让我变强。我的学习有三条路径：

1. 跟老师学

我非常幸运，毕业参加工作后的第一个老师就是我上初中时的班主任岳建廷老师，此时他已是我们学校的教导主任，市级教学能手，业务水平非常高。岳老师的课条理清晰、风趣幽默，板书也漂亮，而且小实验信手拈来。我觉得有这样的导师，太幸福了。那时我每周听两节岳老师的新授课，每节课都用黑色笔记录过程，红色笔圈点勾画。如果老师讲得太快了记录不及，我就会用自己懂的符号记录感悟和体会，过后再摘抄、整理、重温、巩固。岳老师还每周听我一节课，再用两节课的时间去点评、打磨我的课。每次我都是详细记录，认真学习。他对我，既有老师对学生的情怀，又有领导对青年教师的要求。每次听完课他都要检查我的听课记录，手把手地教我如何上课、听课。所以我上课的第一步就是模仿，是"照葫芦画瓢"。一周的时间大部分是在听课、评课、被听课、被评课中度过的。我当时的感觉这是一段比较煎熬的经历，现在看来那竟是我一生的宝贵财富。因为直到现在我还保留了这一好习惯：打开听课记录，想一想，哪些可以借鉴，哪些需要商榷，哪些需要过滤和消化，这样就可以把他人讲课的精华尽握掌中。

2. 立学以读书为本

在专业成长之路上，我也遇到了瓶颈期。有时候，我的备课环节无懈可击，但在讲解问题时却感到语言贫乏、缺乏感染力，上课时显得"捉襟见肘"，不能游刃有余。我这才意识到读书的重要性，我少的是积累和底蕴。所以我要求自己静下来读书。手捧经典书籍，凝神静气，少一份浮躁，多一份思想。

3. 无处不学习，人人皆师长

当参加专业培训，面对很多专家时，我既要汲取他们的高精尖理论和思维，又要敢于抛出自己的观点，敢于质疑，敢于献丑。这就逼迫我在学习的过程中带着思考，而不是抱着手机或打着瞌睡。和专家互动时，也要求我快速地思考和梳理思路，现场能清晰地表达，这是很好的学习和锻炼的机会。面对年轻的教师，我本着谦虚的心态，认真倾听每一位老师的发言。我要做一个有心人，只要抓住机会时时处处皆课堂。比如，收到一些培训的通知，我可以了解当前各学段的教学流派及其核心内容，可以学到如何提炼专题报告的题目等。"三人行，必有我师焉"，当你无论面对权威还是普通人都带着谦虚学习的态度时，你会发现人人皆师长。课堂上"后进生"的奇葩答案可以让我成功地避开某个"坑"，是我的师长；听课时青年教师的一首歌、一段舞，教会我如何调节课堂气氛，是我的师长；元旦晚会上调皮孩子的"滑稽献丑"，教会我要勇敢，是我的师长……只要你有心，在任何地方你都可以学习到知识；只要你谦虚，在任何人身上你都能学到他的优点。

（二）勤思戒罔

学而不思则罔。你可以从别人那里汲取某些思想，但必须用你自己的方式加以思考，在你的模子里铸成你思想的砂型。这些年我一直试着在反思和创新中前行。主要做好这两方面的工作：

1. 思与写，我力求让思考成为习惯

叶澜教授曾说："一个教师写一辈子教案不可能成为名师，如果写三年的教学反思，就能成为名师。"可见反思才有进步，反思才能提高。上课后，我思考写得失，三言两语把感受写下来；听课后，我思考写收获；学习后，我思考写感悟。我随时随地都让思考与听、看、写跟进。

2. 课题研究让思考更有深度

刚毕业的几年，学校实验室器材的配备不完善，好多实验不能做，这让课堂效果大大失色。怎样弥补这个缺失呢？经过冥思苦想，我只能根据实际情况和学生们一起就地取材自制实验器材，矿泉水瓶、易拉罐、乒乓球，甚至一片纸壳都成了我们的"法宝"，学生用自制的器材完成实验，非常的有成就感，既锻炼了他们的动手能力，还降低了实验成本，取得了良好的课堂效果。为了让我们的研究有序进行，我和同事通力合作，申报相关课题，力争形成成果，让思考突破瓶颈。2007年，我们用《实验创新对提高探究能力影响的研究》申报了中国教育学会"十一五"科研课题，2009年顺利结题。2012年，我们用《改进探究实验激活创新思维的研究》申报了省级课题，2015年顺利结题。我们把改进和创新的实验带进了课堂，真正实现了"瓶瓶罐罐做实验，废铜烂铁变仪器"。同时我也没忘记"写"，我把平日的研究和积累写成多篇论文，其中《以"精彩的实验改进"唤醒学生的创新思维》《小实验在初中物理中的应用》在国家级刊物发表。

（三）跬踔一程

稳坐高谈万里，不如跬踔一程。我知道我还不够完美，但即使跛着脚我也要前行一小段距离，绝不只是高谈阔论。每一次锻炼的机会我都全力以赴，因为无法预测这一次机会会给未来带来什么变化。2001年的日照市优质课评选活动要求用两周的时间准备两个课题，并要求用课件及打印教案。那时候我们学校的办公室只有一台电脑，我只能白天有空时用学校的电脑，晚上去网吧做课件、写教案。由于我打字不熟练，用"一指禅"熬了好几个晚上才把教案写好并打印出来。我们学校的实验室也没有合适的实验器材，只能自己做；没有制作材料和制作工具，只能从家中带工具用废料制作。有一天晚上，由于我在实验室里制作器材忘记了时间，管理员已经把实验楼大门锁上了。这时已是深夜我也不好意思打电话再把管理员叫回学校给我开门，没办法只好又回到实验室趴在桌子上眯一会。夜里寒冷和恐惧让我哆嗦成了一个团。好几次我几近崩溃想要放弃，可是一想到全县只有2个名额，这对于我这个只有4年教龄青年教师是多么难得的机会，只有咬着牙坚持下来。

2019年的全县优质课评选活动举行时，我已是有着22年教龄的"老"教师了。我想，跟青年教师同台竞技也是一种学习，就没有放过这次成长的机会。比赛前一天的晚上，我依然在电脑前不停地练习。一会儿向前假装面前有学生和我交流；一会儿退后，假装板书。为了突出重点，语音、语调、语速都会注意。该什么时候倾听，该什么时候停顿，一定要做到位。每个细节、每一句话、每个眼神，都在赛前反复练习。我知道人有天赋高低，但我也知道，好多上课上得精彩的人，都是事前做足了功夫的。敢于吃别人不愿吃的苦，乐于花别人不愿花的时间，勤于下别人不愿下的苦功，不断挑战自己，超越自己。毕业25年来，我参加过4次县优质课赛课，2次市优质课赛课，执讲过5次县公开课；疫情期间我制作了两节课程资源，每学期至少执教一节校公开课……从没离开过课堂，从没放过任何一次成长的机会，这些都是我自己的经历，就这样靠着一步步地努力和坚持走过来了。当你自己努力付出以后，真的会有回报。只是回报有早有晚，回报的果实有大有小。

（四）自我雕琢，淬炼人生

雕琢自己，过程很疼，但你最终能收获一个更好的自己。在成长的过程中我不断地拿起"凿子"，勇敢地"凿"向自己，去其糟粕，留其精华，努力让自己变得更美。

1. 雕琢学识，塑造形象

"学高为师，身正为范"，我用一定的时间慢慢成就自己，用知识丰满自己，用信念坚定自己，25年的坚守塑造了我优秀乡村教师的形象。

2. 雕琢灵魂，管理角色

一个人的人格魅力中最重要的组成部分就是他的道德修养。在生活中，我们同时扮演着各种各样的角色，课堂上是老师，学校内是员工，家中是母亲、是妻子，还是父母手心的宝贝；还可能是某些人的上司或下属……而角色之间的转换是必要的，站的角度不一样，看到的东西就不一样。作为一名教师，我要求自己特别注意说话的时间、场合和分寸。走到一定的高处时，比的是你的修养和为人。

3. 感恩有你，薪火相传

走到今天，我已经感到很满足，这一路上我得到过领导的帮助、专家的引领、导师的教导、亲人的支持、同事的开导、学生的包容、对手的激励、朋友的欣赏……他们都是我的贵人，遇到他们才让我走得更远。我感恩遇到他们，同时，我也要把这份感恩传递下去，做到薪火相传，传递美好。

三、你治愈了我，我也要治愈你

前文说过乡村中学最不缺的就是留守少年，从我毕业到现在每年所教的班中都有大量的留守少年，他们中很多人的情况令人担忧：完不成作业、厌学、打架、逃学、顶撞老师、欺负同学、被同学欺负……但我忘不了在我不甘、沮丧时，是他们治愈了我；在我犹豫、彷徨时，是他们指引了我。他们牵动着我的心，我迫切的希望能治愈他们，指引他们。想到就立即行动，2010年我通过自学拿到了国家二级心理咨询师证，心理学知识的运用让我在做学生心理工作时，如虎添翼，事半功倍。

第一次运用心理学知识做学生思想工作的事，让我记忆犹新：当时班里有一个学生叫翟涛，是一名走读生。他性格内向，成绩较好。但他有一段时间上课经常打瞌睡，作业也经常完不成，还经常请假，严重影响了学习效率。我怀疑他晚上玩手机，就电话家访了他的爷爷。不料他爷爷说："老师您能不能让学校少布置点作业，翟涛每晚做作业到12点。他确实没玩手机，做作业时我都陪着。"我非常诧异，我们班的学生差不多晚上9点就完成了作业，他为什么这么晚才完成啊？我又问："他以前也做作业做到这么晚吗？"他爷爷说："不是，自从某次测验考试成绩考的不理想后就这样了。"

为了更加深入地了解他的生活环境我又做了一次家访。在家访中，我了解到翟涛的父母在他9岁的时候离异，他跟随父亲生活。因父亲外出务工，就把他寄养在爷爷奶奶家，爷爷奶奶对他非常的宠爱。但他逐渐变得不爱说话，处处严格要求自己，凡事力求做得尽善尽美。有一次测验他的成绩不理想，之后他就更加努力地学习。他爷爷找出了好多他之前撕掉的作业，我感到很吃惊，在我看来他撕掉的作业书写认真、正确率也比较高，为什么要撕掉呢重做呢？我找他谈话并了解了他的真实想法：在他上小学的时候成绩比较好，学习很轻松；上初中后课程变得繁多，自己常常感觉到心有余而力不足。那次测验考试前他明明做了充分的准备，头天晚上还复习到了凌晨，可在考试的时候突然头晕目眩，看不清题目，致使试卷空了一面，空着的题目又全会做，结果考了个不及格。他的心情非常沮丧。他认为是当时没吃早饭造成的，但以后每次测验的时候他都会出现那次的情况，尽管每次测验他都努力准备但没有一次能考好，他开始怀疑自己特别笨，心情更加沮丧。后来，他认为自己成绩不好，如果作业再写不好的话，浑身都是缺点，谁还会喜欢自己。所以他在写作业的时候特别认真，发现有写不好的地方就撕掉重做，自己写字又慢，因此每晚作业都要做到12点多。

　　谈完话后我意识到他这是由在测验考试的成绩不理想的刺激下造成的严重的心理问题。于是我简单地准备了一下，对他做了一次心理辅导。我问他，咱班你最喜欢谁？他说，他最喜欢班长，因为班长学习好，性格也好，又乐于助人。我问："班长身上有缺点吗？"他想了下说："我没想出他有什么缺点。"我拿出一份作业本给他看，这份作业字迹潦草，勾画的地方特别多，很不板正。我又拿出他爷爷给我的他撕掉的作业，让他比较一下哪份作业好。他说自己的那份好。我说："我也这么认为，你知道这是谁的作业吗？你看看名字，它是陈鹏的。其实书写潦草就是陈鹏学习上的缺点，你想想老师有没有因此批评过他，同学们知不知道他有这个缺点？"他说："老师确实为此批评过他，同学们也都知道他有这个缺点。"我又问："那么老师和同学们是不是不再喜欢他了？"他说："不是，老师还是非常喜欢他，还让他参加书法社团帮他改正缺点，我们也还是非常喜欢他，经常问他问题。"我又问："你爷爷身上有缺点吗？"他说："有，他喜欢喝酒，身上经常有酒味，而且爷爷也不大讲卫生。"我问："那你还爱爷爷吗？"他忙点头说爱。我说："你看，金无足赤人无完人，无论是你最喜欢的同学还是你最爱的爷爷，他们都有缺点，可你依然喜欢和爱他们，所以你不用苛求自己完美。世界上也没有完美的人，我想喜欢你和爱你的人不会因为你的缺点而不喜欢你，不爱你。相反他们会因为喜欢你、爱你而努力地帮助你改正缺点。我和其他老师，以及你的爷爷奶奶和同学们都非常喜欢你，我们都认为你很懂事，很善解人意，是个贴心的好孩子。就像这次，你因为追求完美的作业，每晚熬夜，使你的体质下降，第二天上课时精力不集中、课堂效率低、成绩下降。我们都看在眼里，痛在心里。我们非常着急一致商定，尽全力帮你克服这个困难。所以在你写作业的时候根本不用紧张，不要太苛求完美。只要你能及时完成作业，按时休息就可以了。"他心悦诚服地点着头答应。同时我也为第二次辅导做好铺垫，我对他说："我给你布置个作业，每天拿出10分钟的时间练习你的写字速度。今天晚上你将按你原来的写字速度来练习。明晚上在保持原来速度的基础上，再每分钟多写一个字，直到你能够达到每分钟写10个字的速度。我跟你爸爸联系过，让他从网上搜曾仕强教授在百家讲坛上讲的那段胡雪岩和王有龄的故事给你看，下次谈话咱们讨论一下这两个人。"

第二次谈话，我问他，能给我讲讲王有龄和胡雪岩的故事吗，他俩谁会考试？谈起这个故事翟涛比较兴奋，很受鼓舞。他讲述起来，王有龄很穷的时候胡雪岩出了一笔钱帮助他，后来两个人成了好朋友，王有龄很会考试，最后做了浙江巡抚，太平军围困杭州的时候自杀殉城。胡雪岩学都没上过是学徒工出身，可以说不会考试，可他是有名的"红顶商人"。我适时问他："很多人不知道有王有龄，胡雪岩却闻名天下，你说不会考试的胡雪岩是不是没有能力呢？他是不是一个无用的人？"翟涛说，当然不是！胡雪岩经过几年的努力，在江浙和上海形成了自己的商业模式，成立的阜康钱庄的规模居南方各省之首。他还在杭州开了一座能与北京同仁堂药店相媲美的"胡庆余堂"药店。他甚至还以他的聪明才智，为新上任的王有龄提出了"以商米带漕米，确保浙粮京运"的良策。这使王有龄官声大振，很快升为湖州知府。他要比王有龄有能力多了。我说："你这个作业完成得很好，我也同意你的观点，其实考试成绩不好，并不代表没有能力，成绩虽重要，可能力更重要。一种人没有能力却很会考试，一种人很有能力却不会考试，这两种人你更希望自己是哪种人？"他说，后一种。他想成为像胡雪岩那样的人。我说:"其实我觉得你现在就是后一种人,有能力却不会考试。"他很疑惑:"老师我哪有能力啊?我觉得我是那种既没有能力也不会考试的人。"我笑着说:"你不要妄自菲薄啊,我听你的同学说,你组织你们小区的孩子星期六打乒乓球,锻炼身体。我想问一下,你为组织这项活动做了哪些事啊?"他说:"我设计了一张海报招揽参加人员,再找农机校的校长借了场地和球台,然后把报名的同学按小组编制好,一组在周二下午放学后和周六上午练,一组周四下午和周六下午练。"我继续问:"你为什么不安排周日训练啊?你今后对这个乒乓球训练队有什么打算?"他说:"周日我想留给同学们做作业和休息,这个训练队我想练习一段时间后两组进行一次友谊联赛,再过一段时间和另一个小区的同学联赛。"听到这儿,我认为他是一个组织能力很强、社交能力也不错、计划性强、思维缜密的学生,我觉得一个成年人都不一定有他做得那么好。他非常棒,就是有点不自信而已。

我接着说:"你之所以测验时紧张只不过没有意识到自己是那种很有能力但不会考试的人。你现在想想,你已经具有了比分数更重要的'内力',你还在意测验成绩多少分吗?你越不介意,就越轻松;越轻松了,发挥就越好了。等你下次测验的时候,你就想你是那种有能力但不会考试的人,试着去放松自己好吗?"他红着眼睛对我说:"下次考试我试试。谢谢您,老师!"

后面我继续跟踪关注他,又陆陆续续跟他谈了几次话,发现他的"症状"有了明显的改善,写作业的速度也提高了很多,基本能在晚上9点半前完成作业,也不再频繁的请假。两个月后他的考试焦虑症也好了。这令我非常的有成就感!

在农村有太多的孩子需要老师的爱心去浇铸他们脆弱的童年,而这绝非仅靠教师高超的教学能力所能办得到的。在农村教学的25年工作中,这样的故事经历过许多。我相信只有无私地奉献爱,处处播撒爱,我们的学生才会在爱的激励下不断进取,成长为祖国的栋梁。与此同时,我也获得了市、县优秀教师、"五莲名师"等称号,这些更加使我感受到——教师的人生是幸福的人生。

名师简介：

杨海燕，高级教师。从事乡村教育工作25年，曾获日照市优秀乡村教师、日照市优秀教师、日照市学科带头人、"五莲名师"等称号。在工作期间，曾担任过省级课题研究的负责人，发表论文《小实验在初中物理教学中的应用》等。

寄语：教育是享受，是创造，更是丰富多彩的生活本身。教育如山涧小溪，以快乐的心态一路欢歌，奔向大海；教育如灿烂星辰，甘于在寂静里守望天空，静待花开。

"草根"教师的成长历程

济宁市梁山县实验中学　李大强

物理既是一门科学，又是一门艺术。学生能否在物理学科上产生学习兴趣，在一定程度上与该门功课执教者的教学风格、教学初心、教育境界的高度密不可分更与执教者是否拥有终身学习的意识，是否拥有教学相长的教学研究能力，是否拥有教学艺术有着密不可分的联系。教师的教学，应该是能给学生以激情和美的享受，从而激发学生高涨的学习情绪的艺术。

一、矢志不渝的教育初心

"作为一名教师，不是非要以坚守清贫为荣，而是身处知识旋涡的中心，你自然不会关注外在物质生活的享受，你更注重的是对自己人生价值的认知与追求。你越专注于内心的追求，越不会被外界侵扰。""师者，所以传道授业解惑也。"既知此责任，便应以此为追求。我始终在坚守这份追求，排除外界的干扰、安于奉献。理想信念指引着我们的发展方向。如果教师没有树立正确的价值观，没有坚定的信仰，就很容易迷失本心，偏离前进的方向。每个人的关注点不同，价值观自然就不同。我们无法苛求每个人都能理解教师的价值取向，但希望每个青年教师都能坚持自己的奋斗方向。

现在饱受社会诟病的家教、校外辅导，曾经都是无偿付出，不求回报，但现在对学生的关心与照顾开始按市议价，我们的教师脱去了教育最神圣的外衣。作为一名教师，当某天放眼四顾，各个行业都有你教育过的学生时，你便会懂得，没有哪个职业能拥有这般宝贵的财富。把眼光放远点，你便不会被眼前的利益蒙蔽，而是去关注学生的成长和用心去经营与学生之间的关系。世上能带给你大富大贵的职业有许多，但如果选择了教师这个职业，就应安心践行这个职业的使命。

认清自己从何处来，方可预见自己要向何处去。

总之，教师都要始终不忘初心，牢记职责，真正做到"学为人师，行为世范"。这样，百花满园的教育春天一定会到来。

二、教学境界的提升

在现代社会，你是否感觉到"教师职业日益成为一种使人类和自己都变得更美好的职业，是一种使每个从事并愿尽力做好这份工作的人"？作为教师，教书育人的过程同时也是不断学习、思考和探究的过程。教师理应追求多样化的知识、丰富的学识、宽阔的眼界，成为学生求学路上的第一盏，也是主要的一盏指路灯，引领学生度过丰富多样的精神生活，在促进学生和谐发展的过程中不断提升自身的精神境界。

近现代，王国维在研究美学的过程中，提出了极富创造性的"境界"说，使境界的含义从客观性向审美的主体性转化，成为中国美学和文艺理论的一个重要范畴。教育界有一句流行语叫作"授之以鱼，不如授之以渔"，说的是教育的两重境界——知识境界与方法境界，由此人们创造了"金子与点金术"之类的寓言，也由此而产生了另一句名言：要把金针度与人。

教育是一个饱含理想主义的事业，肩负继往开来、为未来社会培养新人的历史重任。当教育的使命是"替一个未知的世界培养未知的儿童"时，环境的压力要求教育工作者们刻苦地思考，并在思考中勾勒一幅未来的蓝图。倘若缺乏理想主义精神，就无法勾勒出这样一幅未来的蓝图，但身为社会代表者的教师，又是生活在充满各种矛盾和冲突的现实世界之中，面对强大的世俗社会的裹挟侵蚀，不免也会招致社会良知的拷问：是迎合躁动的异己世界，按市场价值来塑造自我；还是守护精神家园，以求得"安身立命"之所？是安于现状，让个体成为各种权威的服从者；还是自主发展，以获得自我超越？在当代，社会赋予教师一系列重要的职业角色，教师要成功地扮演这些角色，就必须在正确信念地支撑下求得人生的各个层面达成和谐统一。然而，在急剧的社会变迁过程中，倘若教师不能坚守其精神家园，则在功利主义教育的框架中，很可能失身为世俗社会的奴仆，丧失主体的创造性与事业追求的动力，在迷失方向的同时，也迷失了自我。

三、强烈的终身学习的意识

新时代教师，唯有以更新自己的知识结构和提高从教能力的教师才能更好地适应社会发展的需求；需要坚持不懈地围绕实际工作中存在的问题进行反思和探究，以转变自身的教学观念和改进教学实践。为此，我认为，青年教师只有在不断地学习中与时俱进，不断发展，在职业生活中养成读书学习习惯，提高探究教学问题的研究能力。

（一）积极转变教育观念，优化自我的职业认知

作为教师个体，自身的观念转变至关重要。教师首先要明确个人的专业发展方向，这能让个人拥有更充实、更有意义、更幸福的教育生活。基于这样的认识，我们才能激发自身学习、研究和探索的积极性，主动从认知的"舒适区"向"学习区"迈进，努力改变现状。

（二）终身学习的践行——做到在学中教，在教中学

苏霍姆林斯基说："教师的知识越深厚，他就在更大的程度上不仅是一名教师，而是一个教育者。"现代社会需要创新型人才，因此教学改革要求教师是教育者、研究者、专家型、"双师"型等知识和能力的综合体。这是时代发展的要求。

在教学过程中，为了给学生传递最新信息并使他们不断掌握新知识，教师必须做到与时俱进，不但要认真学习新课标和各种教育教学理论，还要刻苦钻研专业知识及涉猎其他领域的知识，不断充实完善自己。而学生在教师的指引和启发下努力学习，认真思考，他们多角度的反问和质疑往往会给教师带来灵感。带着学生提出的问题，教师会更加深入地研究，加强对知识的理解和把握，从而提高教学水平。

教学相长是教师追求的目标之一。教与学是结合体，两者相辅相成。作为教师，我们要真正理解教学相长的内涵，在教育教学实践中不断探索与实践，师生双方只有相互交流、相互启发、相互补充，才能达到共享、共进，实现教学相长与共同发展。要紧跟时代的脚步，努力从细节处着手推动教学进步，实现新跨越。在现代教育制度下坚守好自己的航向，做好惊涛骇浪中的掌舵者，引导学生通向胜利的彼岸。

（三）终身学习的坚定的信念

爱因斯坦曾说："兴趣是最好的老师。"在终身学习的时代，如果不能享受到学习过程的乐趣，是难以把学习的热情长久保持下去的。

1. 扫除障碍，坚定信念

读书的兴趣和尊重书籍的氛围是不会自发产生的，也不是靠领导的指示形成的，用行政命令的办法同样是行不通的。

在实践中，由于教师的日常生活中要处理许多的经常性或突发性琐碎事务，现在越来越多的教师已"没有时间"读书了。正如苏霍姆林斯基所说的："教师在他大学毕业的3年至5年后所拥有的知识，应当比他工作头一年时多3倍、5倍乃至10倍。因此，导致教师缺乏渴求知识的强烈愿望致使教学不仅失去光彩和热情，而且变为他的苦差和重负，这就会使学生的求知乐趣丧失殆尽，智力上的禀赋和才华遭到扼杀。"那么，如何激起教师的读书兴趣？首先读书不仅在于丰富教师的科学文化素养，使教师掌握系统的学科专业知识和具备坚实的教育专业知识，更深刻的意义在于它可以帮助教师重新反思自己的人生历程，重新检视和评价教育中的自我行为，进而使其精神境界随着教学实践的展开过程，学问修养的累积过程而不断递升。个人要发展各方面的才能和丰富他的个性，就必须有能够由他自己自由支配的时间。

2. 创设读书、思考和讨论的学习氛围

组建学习读书群。要把读书当成教师个人的精神需求。教师们还要创设读书、思考和讨论的集体氛围。与此同时，教师个人还必须充分认识到，压力和忙碌不能成为"没有时间"读书的理由。因为相对于外部环境而言，个人的能动性和自我选择的影响更为重要。

《中庸》极好地概括了这一人生的辩证法："极高明而道中庸。"一方面，自我不能沉沦于世俗，而应当追求高远的"道"（极高明）；另一方面，这种追求又并非游离于现实，而是展开于日用常行之中（道中庸）。在一切平凡的践履之中，自我都可以通过对"道"（理想）的执着追求而达到心灵的净化和超脱。一旦迈入这种境界，那么，尽管所作的仍是日常之事，但这种活动同时又获得了新的意义，即成为自我安立于世的方式。据此，我认为，教师唯有多读书，精心构筑精神家园，在困境中求生存，在束缚中寻求发展，才能建构自我安顿的内在根据，并不断在两重意义上实现超越：把握系统的学科专业知识和具备坚实的教育专业知识，更深刻的意义在于它可以帮助教师重新反思自己的人生历程，重新检视和评价教育中的自我行为，进而使其精神境界随着教学实践的展开过程，学问修养的累积过程而不断递升。

四、教学研究能力的发展

教师要提高教研水平，必须要具备在教学过程中发现问题、研究问题、解决问题的能力。课题研究是培养教师通过实践、反思、总结从而得以验证观点的有效途径，能促使教师把握教育教学规律、提升探讨和解决教育教学问题的能力，进而向"科研型教师"转型。目前，越来越多的教师积极投身到课题研究当中，而应该如何正确选题，是我们开展课题研究工作时首要思考的问题。首先，在学校层面，要有足以促进学校发展的主导性课题，以营造学习、合作、探究和创新的氛围，用教育科研的视野，带动教师全员参与，逐步形成学校的文化、理念和特色，使校本教研真正成为学校发展的重要举措。其次，学校要鼓励教师从自身的教学实践中发现问题，研究问题，确立合适的研究课题。开展个人的课题研究，教师可以从以下三个方面进行选题。

（一）开阔视野

在"校本研修"的过程中，认真聆听、学习学校聘请有经验的教师的指导意见，以及物理学科领域的专家学者针对某一个专题进行指导的意见。专家们学科理论的专业性、方法策略的科学性、实践论证的有效性是促进我们青年教师的教研水平提升的指路明灯。

（二）学习在身边

学校要充分发挥骨干教师的示范、引领作用，努力参与到建构互动互助的教师成长体系，实现青年教师群体持续主动地自我提升、相互合作、共同进步。例如，我校定期开展专题微讲座，就现阶段内出现的急需解决的教育教学问题进行探讨，开展诸如"准确把握教学目标""提升学生课堂专注力""促进家校有效沟通"等专题研讨会，并邀请校内有成功经验的骨干教师主讲。教师的教育教学实践过程就是一个"摸、爬、滚、打"的过程，同伴的经验和教训具有很好的借鉴和警示作用，同伴互助式的讲座避免了空谈理论的现象，能把重点放在解决问题的具体方法和操作案例上面。

（三）以问题为导向

1. 从教学困境中发现问题

随着课程改革的推进和学生个体、群体的变化，在教学中，教师常会遇到各种各样的疑难问题或困扰，教学的设想与实际效果之间往往有差距，这些都可以成为课题研究的内容。例如，要在有限的课堂教学时间里实现教学效率的提升，需要学生有专注力，而学生如果缺乏专注力就会导致教学任务无法达成。教师可以以此为研究对象，开展与提升学生课堂专注力有关的课题研究，从教学环节的设计、学习氛围的营造、学生心理的调节、与家长的沟通等方面开展实践研究，探索提升学生学习专注力的有效方法。

2. 从共性原因中发现问题

在教育教学的第一线，教师要有一双善于发现的眼睛。教师要善于从日常教学中发现问题，并对其中的教育问题和现象作思考和分析，敏锐地捕捉到有研究价值的问题。如对于学生练习中出现的错题，教师对错题的内容和类型等进行收集、整理和研究，发现导致其形成的共性及个性原因，这样的课题研究就很有针对性和实效性。

3. 从阅读思考中发现问题

对于教师来说，阅读教育教学理论专著是提升教研能力的重要手段。在阅读时，教师要注意结合自己的工作实际有针对性地思考，把理论转化为对自己工作中相关问题的解读与说明，将专著中的分析与自身的经验、做法相联系，使问题在这样的"对号入座"中逐渐呈现并变得清晰起来。例如，我校向全体教师推荐阅读沈丽新的教学专著《让学生看见你的爱》，书中讲述了她作为班主任与学生相处的日常，每一个章节都传递了作者"温和而坚定"的教育理念。在阅读分享中，不少教师表示在阅读时时刻检视自己的做法犹如照镜子，既看到了不足，又明确了改进的方向。

（四）多元协作——教师教研能力发展的催化剂

1. "师徒结对"，提升教师的教研能力

为了更好地促进青年教师的成长，我校开展了"师徒结对"的教研活动，由各学科教学骨干担任"师傅"，对"徒弟"进行一对一帮扶。"师傅示范，徒弟模仿"，大到教育教学和管理理念，细到具体事情的操作方法，都在"师傅"的传授内容之列，促使"徒弟"在"师徒结对"中迅速掌握教学要领，同时也促进"师傅"在"带徒弟"的过程中不断提升自身的教研能力。我们青年教师一定要积极加入"拜师"的行里中来提升自己。

2. 网络研修，提升教师的信息素养

在信息化时代，教师研修的方式也在发生改变。网络研修以其方便快捷、信息量大、不受时空限制等优势，在提升教师专业素养方面发挥越来越重要的作用。同时，在教育均衡发展背景下，各学校教育技术装备配备达标，具备了让教师参与网络研修的硬件条件。学校要借助创新多元的信息化手段，转变教师的教研观念，提升教师的信息素养，组织教师积极参加信息化技术和网络研修社区培训项目，让教师的专业素养在"互联网+"的背景下得以快速提升。如在工作坊里参加举办网络论坛，发布研修主题，推进坊员研修进程，推广优秀研修成果，形成活跃的网络和社区研修平台，帮助不同地域的骨干教师实现教研能力的提升。

五、浅谈初中物理教学艺术

教学本身就是一门艺术，物理教学可以通过语言艺术、课堂教学艺术等多种艺术手段优化课堂教学过程，激发学生对物理学习的兴趣和情感。

初中是学生学习物理的初始阶段，学生对物理知识的认知是空白的，没有任何具体印象和概念。这种对知识的"陌生感"，往往会使学生产生畏难、抗拒的心理，成为物理学习的障碍。随着新时期对教育改革提出的不断创新与深入的要求，教师在初中物理教学中要积极完善新型的教学观念，转变传统的教学思想，注重教学方法，掌握教学技巧，运用多种教学手段，使物理教学从单纯的科学教育成为生动的行为艺术，以此来平衡教师与学生在教学过程中的位置和关系。通过语言艺术、课堂教学艺术等多种艺术手段，优化课堂教学过程，激发学生对物理学习的兴趣和情感，让学生能敞开心扉、放下包袱，积极主动、乐观向上地学习，从而在德、智、体、美、劳各个方面得到全面发展。

（一）注重发挥语言的艺术作用

1. 运用语言的艺术使物理具有"美感"

物理教材里的内容让人感觉比较枯燥和抽象，不容易被学生所接受，而通过语言的艺术魅力能起到构建物理美感的效果，使学生转变看待物理、认识物理的角度，从而对物理产生极大的兴趣。在对物理知识的传授过程中，引入有意思的内容，使学生不但获得直观的感受，还能给学生提供想象的空间。例如，在讲"声现象"一课时，我引入了古诗名句："姑苏城外寒山寺，夜半钟声到客船。"指出诗中的"钟声"就是指声音的传播性。在讲"物态变化"时，我将不同的水的物态编成了小诗："云雾缥缈，露珠晶莹，雪花轻柔，寒霜凝重，水分子，生活空间里的小精灵！"为学生模拟创造了一个美的场景，让他们如同徜徉在水分子的世界里，使学生感觉耳目一新、欣喜异常，对接下来的知识充满期待。

2. 把握语言的科学性、严谨性

物理知识中涉及的概念、定律等都是极具逻辑性和科学性的，教师在教学中，如果使用的语言不准确、不严谨，将会使学生陷入条理混乱、概念模糊的局面中去。例如，在讲"光的反射定律"的课程中，涉及反射角与入射角的关系，入射角的大小决定着反射角的大小，两者之间具有其因果性和逻辑性。在对定律进行讲解的时候，教师要严格把握这种逻辑关系，准确地告诉学生是"反射角等于入射角"，而不是"入射角等于反射角"。除此之外，在日常讲课的过程中，应尽量避免使用方言来讲解定律、概念、性质等，要使用科学规范的专业术语来进行信息的传递，使学生获得一个严格、准确的语言环境。

3. 充分利用语言的直观性、趣味性

巧妙地使用充满幽默、风趣的语言，能将深奥的物理原理形象化，复杂的物理内容简单化，抽象的物理知识具体化。在适当的时间恰当运用语言的幽默艺术，能彰显教师的才华，营造轻松的氛围，形成自主学习的力量，使学生在物理学习中充分感受到快乐。讲"摩擦力"时，我指着两个学生说："保持一定距离，小心摩擦起电哟！"学生们哄堂大笑，课堂气氛立刻活跃了起来。在物理知识中有很多的物理概念、物理量我都用"猜谜语"的方式来表现，如：屡战屡败——负极，捷径——短路。通过这种方式，学生不但能很快记住这些知识内容，并且印象十分深刻。

（二）创造课堂场景，运用课堂提问艺术

初中生具有思维敏捷、好奇心较重的特点。因此，传统、呆板、沉闷的课堂讲解无法引发学生的兴趣，对课堂场景进行合理设计，运用灵活多变的课堂提问艺术，能有效地激发学生自主思考，开阔思维的能力。在讲"压强"时，我首先设计了一个实验的场景，我在盛满水的玻璃杯上盖上纸片，先问学生："如果水杯倒置，纸面会掉下来吗？"学生有的回答"会"，有的回答"不会"。接下来，我将水杯倒过来，纸片并没有掉下来，这时候我又提问："纸片为什么没有掉下来？它是受了什么的作用？"学生的好奇心被激发起来，主动进行探索思考，十分迫切地想寻求答案，这时我将物理知识引入正题。整堂课学生的注意力十分集中。

学生对物理知识的掌握程度层次不一，有时不够全面，甚至会有错误理解，在这种情况下，教师要学会进行引导性提问，尽快帮助学生走出误区。讲到"物质的密度"一课时，我拿着相同颜色纸张包起来的铁块和铝块，先问学生："谁有办法不用打开就知道里面是铁块还是铝块？"学生们争先回答："质量大的是铁！"有的学生说："体积大的是铁！"我借此对学生进行引导："物质外部形态不能全面反映物质的特性，应该利用质量、体积的比值关系来鉴别和区分物质。"然后又提问："物质的体积和质量之间是什么关系？"学生通过实验和运算，得出了正确的结论。这样的课堂提问设计，能使学生完全被吸引在课堂场景中，跟随着置疑、猜想、论证、总结这一主线，很快进入活跃的思维状态和学习角色。

初中物理教学艺术的成功就是在和谐的师生关系中创建出完美的教学环境，使学生能拥有轻松、愉快的心情，快速、透彻地进行知识学习和技能掌握。通过对物理知识的认识，开启他们的美好心灵，激发他们的情感和意志，满足他们在精神上的需求。通过各种艺术手法使学生对获求知识、探索真理充满渴望，使他们带着强烈的感情色彩对未来世界进行大胆探索和客观理解。

六、教学业绩

自任现职以来，我坚持以一颗仁爱之心、公正之心平等地对待每个学生，关心每个学生的成长，努力做到为人师表，潜心育人，做一名受学生爱戴的优秀教育工作者。

在初中物理教学工作中，我坚持做到与时俱进，勇于开拓创新。开学前制定科学的学期教学计划和单元教学计划，使教学有计划、有组织、有步骤；平时较注重自身理论知识的学习以及教学能力的提高，积极探究符合学生实际的、先进的、科学的教学方法和模式，积极推行素质教育。我十分注重研究初中物理课教学理论，认真备课，积极参加科组活动和集体备课组活动，以及帮助、参与和指导其他教师备课和上课。同事来听课时，认真听取他们的建议和指导，从中吸取教学经验，取长补短，提高自己教学的业务水平。教学过程中，能根据学生的具体情况，及时调整教学计划和状态，改进教学方法，自始至终以培养学生的思维能力，提高学生分析、解决问题的能力为宗旨。根据学生的个性差异，因材施教，使学生的个性、特长得以发挥，知识水平明显得到提高。所任班级学生的校考或县统考成绩（及格率、优秀率和平均分）名列校或县同类学校的前茅，得到全校老师和领导的高度评价。

一分耕耘，一分收获。由于工作突出，我在2014—2015学年和2016—2017学年被评为"梁山县教育教学先进个人"。我曾多次执教校公开课，受到全校同学科教师的一致好评，并于2017年6月荣获"梁山县中小学实验教学优质课初中物理一等奖"。2017年7月获得"济宁市中小学实验教学优质课比赛二等奖"；在全市举办的"济宁市中小学实验教学说课比赛"中获三等奖。凭着拼搏向上的精神和扎实的基本功，于2017年全市初中物理教师教学基本功比赛中，荣获一等奖。2018年10月我撰写的《初中物理教学中"讨论式学习"的重要性》一文在《教育周报》上发表。2020年12月，报送课题被济宁市"一师一优课、一课一名师"活动中评选为"市优课"。在2021年3月，《初中物理课堂中的有效预设与理性思维能力的培养》论文经《中学生报》（教育周刊）审核，被中国知网全文录用，并获得全国优秀教育教学论文一等奖。在2020—2021学年度梁山县教育工作中，成绩优异，被评为教育工作"先进个人"。

我崇尚科学精神，树立终身学习的理念，时刻不忘充实自己，拓宽知识视野，更新知识结构，珍惜每次参与继续教育学习的机会并认真学完了所有课程。

在今后的教育教学工作中，我将不断总结成功的经验，吸取失败的教训，以科学发展观和新课程理论为指导，大胆创新，勇于进取，力争全面提高自己的课堂教学水平、教育管理水平、教研教改水平、团结合作水平、信息应用水平，力争教学成绩更上一层楼。

名师简介：

李大强，一级教师，曾获梁山县教育工作"先进个人""县优秀少先队辅导员等荣誉称号"，曾获济宁市物理教学基本功比赛一等奖，多次执教市级公开课。发表论文《初中物理课堂中的有效预设与理性思维能力的培养》等。

寄语：作为一名平凡的青年教师，我愿坚守初心，以爱育人，用心教书，奉献智慧汗水，谱就青春之歌。

深耕乡村终无悔　初心如磐育栋梁

济宁市汶上县义桥镇中学　徐　勇

我是济宁市汶上县义桥镇中学一名物理教师。2009年从教以来，我以满腔热忱耕耘乡村教坛，以壮美青春谱写奉献之歌。

一、热爱教育，做一个有理想信念的好老师

工作之初，我被分到义桥镇最偏远的九华小学。看到孩子们求知若渴的眼神，我下定决心要投身义桥教育事业。我十分热心教育，除了完成教学任务，还主动担负学校少先队辅导员工作，大胆探索尝试学生自主管理改革，我的优异表现得到学生、家长及领导的一致认可。

2010年，因工作成绩突出，我被调入义桥镇中学。刚调入就分到九年级任教，并担任一个班的班主任，我当时有些犹豫，要不要承担这份职责，毕竟是毕业班，责任重大，在家人和领导的鼓励下，我最终勇敢接受挑战，开弓没有回头箭，干就要干好。作为一名党员，在任何时候都应起到先锋模范作用。这一年，是我从教以来最艰苦的一年，学生管理工作对我来说是挑战。每天忙个不停，孩子刚出生需要照顾；爱人是医生，工作也很忙。在家庭和事业面前，我就像一个不停旋转的陀螺，好像稍有停歇就会倒下，但依然义无反顾地承担着、坚守着。我的教育初心不改，凭着踏实干劲和工作热情，很快成为教学骨干。在工作上我服从安排，积极进取，精研业务，探索

管理，无论在哪个岗位，都努力践行着一名人民教师的理想和信念，在岗位上彰显青年教师的本色。

二、以身作则，做一名有道德情操的好老师

作为一名乡村教师，我有着强烈的使命感和责任意识，并能够严格要求自己，勇于担当。2016年4月，我右胳膊不慎摔伤骨折，这时中考临近，代课教师难以胜任毕业班级的教学，邻班教师课时量大也无法分身帮忙……想着正在冲刺中考的146名学生，我无心住院治疗，打上石膏、吊着绷带走向讲台，坚持用左手板书，左手批改作业。就这样，一直到中考结束。中考成绩出来后，同学们纷纷带着优异的成绩和鲜花来家里看望我。看到一张张洋溢着喜悦的笑脸，我感觉所有的坚持和付出都值了。

如今，我兼任学校业务副校长、年级主任，承担着九年级三个班的物理教学工作，任务十分繁重，常常超负荷工作。常有人问我累不累，我会微笑答之：过得充实比清闲更让我觉得踏实。学校每位教师的课，我都听过，积累着厚厚的一叠听课笔记，学期听课60多节。哪怕再忙，我必定抽出时间和同事们一同钻研教材，设计教案。身为校长，我认真研究各科教学，无数次听课、评课，提出教学建议，修改教学方案。

教研业务虽艰辛，定不辜负有心人。"济宁市优秀教师""济宁市优秀教育工作者""汶上县十佳教师"，是对我最好的肯定。

三、专心教研，做一名有扎实学识的好老师

作为教师，我一方面坚实专业基础知识，关注本专业的前沿动态，不断更新自己的专业知识，利用课余时间阅读了《给教师的一百条建议》《成为有思想的教师》《倾听者的教育》《课堂观察走向专业的听评课》等有关教育教学的书籍，并将新动态、新知识及时融入课堂教学，开拓学生的思路和视野，提高教学效果；另一方面还不断加强教学方法的研究与学习，多听取学生的意见和建议，不断改善教学方法，提高教学技能。让学生满意，不仅要教给学生专业知识，还要提高学生的学习兴趣，启发学生，引

导他们幸福成长。

2014年9月，我参与山东省教育科学"十二五"规划课题《构建学校、家庭、社会三位一体育人机制的研究》的研究，所研究的家校合作共育的经验做法在全县范围内推广，并取得了良好的育人效果。2019年5月我主持了山东省基础教育科学实验类专项课题《通过物理化学生物小实验培养学生思维和动手能力研究》。通过实验和研究，增强了学生的学科观念，培养了学生的科学思维品质和实验探究能力，逐渐增强了对科学和技术应有的态度和责任感。参加工作至今，我的教学成绩优异，教学效果卓越，所带历届学生中考成绩显著。

2015年，在济宁市教学能手评比中，我作为汶上县义桥镇教育史上最年轻的选手，参加了评比。最终，在评比中名列前茅，一举夺得了汶上县物理学科在市里最好成绩，荣获"济宁市第七批初中物理学科教学能手"称号。作为济宁市教科院的重点培养对象，近几年我又多次在市、县中考研讨会上作为代表发言，并执教公开课。

不忘初心，反哺学校。我始终将接触到的先进课改理念、方法、感悟体验通过"青蓝工程"、名师示范课、"同课异构"等活动毫无保留地传授给青年教师。几年来，在我的带动下，义桥镇又涌现出一大批的青年名师。

作为副校长，我又带领全校教师积极推进课程改革，现在学校已经形成了自己的课堂教学模式"双环一体和谐大课堂"。

春去秋来，收获丰硕，我先后荣获"汶上县中都名师"称号，入选汶上县第一届"山东省乡村优秀青年教师培养奖励计划"。这是对我教学的肯定和激励，我也会在这种激励下继续专心教研，扎实学识。

四、关爱学生，做一名有仁爱之心的好老师

担任班主任期间，我耐心细致，不断思索教育学生的方法，对班级管理和学生教育有自己的独到见解，始终树立"转化一个'学困生'等于培养一个优秀生"的思想，采取学生自治管理，每位学生既是管理者同时也是被管理者，增强了学生协作、竞争的意识。

　　我从思想上、感情上关怀帮助学生；从学业上悉心指导，循循善诱，关心学生的各方面发展。在教育活动中，我始终坚持"德育为首"的原则。2020年4月，九年级学生小袁被查出左跟骨骨囊肿，家长带着他去医院进行了手术。作为班主任的我，心急如焚，一直和家长保持着沟通和联系。手术结束后，我更加关心他的身体、学习和思想，常常一天几个电话，问询病情恢复情况和学习进展。由于临近中考，学生的课业繁重，学习压力大，当时又是疫情期间，小袁在思想上出现了不小的波动。我了解了这种情况，回报学校后，立即对他进行了家访，全方位地了解他学业上的情况，思想上的疑虑，耐心疏导，用心沟通，直到看到孩子脸上忧郁的神情消逝，挂满微笑，才放心离开。随后，立即组织本班的任课老师对他进行单独的网上辅导；我也常常在课后和他沟通，了解他的学习情况。经过多方努力，他的学习有了明显的进步。遗憾的是，由于缺的课太多，小袁最终以3.5分之差与重点高中失之交臂。孩子梦想的破灭，让我辗转难眠。我思索着、努力着……2020年暑假后，经过多方协调，小袁又坐在了九年级教室。这时的他，还没有完全恢复，需要借助拐杖行走，无论是去卫生间还是就餐，都很不方便。作为班主任的我又安排专门的同学负责照顾他，我也多次找他谈心，缓解他的压力。后来，小袁为他的高中梦想继续拼搏着，他的成绩一直在年级内名列前茅，最终考上梦寐以求的重点高中。

　　我始终以情激励、温暖、鞭策学生，培养学生的优良品质和文明习惯，教育引导学生学会做人。同时我十分注重公正公平地对待学生，不仅不歧视学习暂时有困难的学生和有行为障碍的学生，反而在这类学生身上倾注更多的关怀和爱护。以鼓励为主，努力挖掘孩子们身上的闪光点，关注他们的每一点进步和每一次成功。在与他们的交往中，尤其注重交往的艺术，以平等、民主和理解赢得了学生的信任。尊重每个学生的权利，给每个学生创设一个平等、和谐的班集体氛围是我做班主任的工作原则。所带的班级多次被评为学校优秀班集体。

　　总之，我的工作得到了上级领导的一致认可，济宁市"四有"好老师是对我最大的肯定。

五、扎根乡村教育，书写奋斗青春

2015年被评为济宁市第七批初中物理学科教学能手后，很多公立、私立的市直学校向我抛来过"橄榄枝"，血气方刚的我也曾无数次地想象过生活的另一番模样。好男儿就要去远方，去更广阔的教育天地实现自己的抱负，我仿佛看到了：环境优美、教学设备先进的市里某个学校里，站在为梦想拼搏的自己，阳光如此明媚，天那么蓝……再加上我的孩子要上小学了，能在市里接受更好的教育，是多少家长梦寐以求的事情。家人和朋友都劝导我要慎重选择，把握住机会。但当时我正带着毕业班的学生，如果一走了之，这届的学生怎么办，让学校重新找老师不现实，不能为了一己之私而耽误了这些乡村的孩子。我激动的心开始冷静，是啊，如果所有优秀老师都走了，那么乡村教育岂不是越来越差？最终我选择了留下来，虽决定艰难，但内心坚定。我愿奉献自己的身心，俯身乡村教育的热土；愿意把自己的青春奉献给乡村教育，为乡村教育的振兴贡献全部的力量。

名师简介：

徐勇，一级教师；先后荣获"济宁市优秀教师""济宁市物理教学能手"等称号；主持省级课题《通过理化生小实验培养学生思维和动手能力研究》；发表论文《浅析如何在初中物理教学中培养学生的创新能力》。

寄语：教师要做"传道、受业、解惑"的实干家，更要做"自我发展、协同进步、分享幸福"的引路人。让课堂产生学生思想、让课堂焕发生命活力、让课堂展示教学个性、让课堂承载教学相长，方能遇见更美的自己，成就教育幸福。

教学相长　遇见更美的自己

日照市莒县碁山镇第四中学　郭宝江

2014年第30个教师节前夕，习近平总书记在考察北京师范大学时勉励大家做有理想信念、有道德情操、有扎实学识、有仁爱之心的"四有"好老师。作为一名教师，不仅要做"传道、受业、解惑"的实干家，更应是"自我发展、协同进步、分享幸福"的引路人，唯有如此，才能在立德树人的道路上实现教学相长，遇见更美的自己，共同成就师生幸福完整的教育生活。

一、坚定教育初心，做"理想信念"的传播者

党的十八大提出，"坚持把立德树人作为教育的根本任务，培养德智体美全面发展的社会主义建设者和接班人"。这深刻回答了培养什么人、怎样培养人、为谁培养人这一根本问题。

作为一名教师，我曾认真思考过这样几个问题：我为什么做老师？我能教给孩子什么？我怎样才能让孩子们成为我希望的样子？刚工作时，我认为把书教好，把知识传授给学生就可以了。后来我发现做一名好老师远没有那么简单，教师不仅教书还得育人，而育人要先成己。在学校担任党建办主任开展党的工作过程中，我找到了做老师的答案，也明确了教师的神圣职责。

我创建了"合作、核心、融和"的党建品牌，创新开展了党员包班级德育活动，连续四年组织开展了"学习强国、青春向党"展演活动。全校师生通过经典诵读、红歌合唱、革命故事演讲、课本剧表演等多种方式表达对理想信念的理解和坚守。这些活动的开展，不但将党建工作落实到教育教学工作中，而且为孩子建造起理想信念的灯塔。

记得第一次组织活动时，我问学生："孩子们，我们为什么来这里学习？"多数学生很迷茫，没有思考过这个问题，有的学生说为了考大学、为了工作……我肯定了同学们的想法，我又接着问："我们做这一切难道仅仅是为了自己吗？革命年代和建设时期中华民族有多少仁人志士抛头颅洒热血，舍小家顾大家，前仆后继，鞠躬尽瘁，他们是为了什么？生活在新时代的我们应该有怎样的理想抱负呢？"学生回答为中华之崛起而读书，为民族复兴的中国梦而学习，我借此引入了活动主题。这次活动同学们群情激昂，很好地激发了爱党爱国爱校的情怀，增强了民族认同感和自豪感。通过这次活动，也更坚定了老师们奉献教育、服务学生的理想信念，增强了教书育人的信心情怀。

二、提升教学境界，做"道德情操"的示范者

"学高为师，身正为范"，从古到今，为人师表是对教师的基本要求。教育是一种培养人的活动。作为人才培养者，教师不仅要将自己掌握的知识传授给学生，还要通过自己的言行举止、人格、道德情操，影响和感染学生。我执着于教书育人，热爱教育工作，不断提高道德修养，践行社会主义核心价值观和弘扬中华民族传统美德，以自己的行为影响和带动学生老师。我坚持"自主管理，以情导学"的带班策略，以实现"学生全面发展，最优成长"为班级愿景，根据学生个性特长和发展意愿由班委选配合适的班务，根据学生的身心特点和学业基础与他们共同做好人生规划，通过小组互助实现任务驱动，最大限度地激发每个学生的潜能，实现学生的全面发展。我们教师注重结合传统节日并通过班级主题活动进行传统文化、感恩励志、理想信念教育；通过现场演讲、网络直播等方式，邀请师哥、师姐对学生进行交

流；悬挂各级条幅激励班级文化传承；组织学生收集废纸，并用处理废纸的钱每学年过一次集体生日，既培养了节约、环保意识，又杜绝了攀比意识，增进了师生感情。我们教师注重轮流书写班级日志，亲自写上感悟交流，不但参与到学生的班级生活，还引导了班级正能量。注重榜样引领作用，注重培养学生良好的道德情操和意志品质。多年的班主任工作形成了"飞翼"班级品牌，正在逐步形成"班级叙事""师哥师姐对你说""我与新时代演讲""人生规划"等主题的"飞翼课程"。

学科德育能达到"随风潜入夜，润物细无声"的良好教育效果，在课堂教学中我特别注重"理想信念价值观"的渗透，既调节了课堂氛围，拉进了感情，还丰富了情怀。例如，在突破滑动变阻器这个难点时，我以"滑动变阻器自述"让学生开展了项目式学习，学生通过收集资料、小组讨论、分类展示、学以致用几个环节，通过设计活动和解决问题，不但掌握了滑动变阻器的使用知识，还提高了自主探究、合作学习、知行合一的能力。下面是一名学生的课堂展示内容。他以第一人称的形式用幽默诙谐的语言从变阻器的材质、作用、使用规则、注意事项等方面详细地展示，寓教于乐，富有哲理。

我叫滑动变阻器，我可是电学世界里的"老大"，在电学仪器和设备中经常有我的身影，比如，在收音机、电视机的音量开关中，调节台灯明亮程度的旋钮中，舞台的调光灯和调音台中等，想知道我有多大的能耐，那就和我交个朋友，好好了解我吧！

（一）我的个头最大——为实效我疯狂"瘦身"

在整个实验室器材中，我鹤立鸡群，个头最大，为了缩小体积，我也是绞尽脑汁。我是金属镍和铬的混血儿，导电性能不是很好，但这也是我神通广大的原因，大家想必在"探究影响电阻因素"的实验中领略了我与铜线不同的个性。为了让我的威力更大，我还采用了缠绕法尽可能地"瘦身"，以实现尽可能小的移动带来更大的阻值的变化。

（二）我的品质最好——为使命我鞠躬尽瘁

电虽然给我们的生活带来很多便利，但稍有不慎也会发生"机毁人亡"

的事件。所以在连接好电路后，一定记得把我的阻值调到最大，从而起到保护电路的作用。虽然我分担更多的压力，但我非常喜欢这项工作。因为我不但保护了别人，还能通过自身的改变，弘扬正能量，来改变我所在的电路中的电流，从而让和我串联的用电器工作得更舒服些，这是多么有意义、功德无量的事业呀！

（三）我的作用很强——为工作我团结协作

我躯体的各部位都是我不可或缺的一部分，我的双手和双脚各有一个接线柱，他们是我对外工作的接口，电阻丝、金属杆和滑片共同联通了我的神经传导系统，滑片更是起到了调节接入电路的阻值的作用。大家想必还对我在"探究电流与电压、电阻关系"实验中不俗的表现记忆犹新吧，当我和其他电路元件协同工作时，当我融入电学这个大家庭中时，才真正实现了我在格物究理历程上的人生价值。

（四）我的脾气很坏——为驾驭我请多多用心

在我的背上贴着我的"名牌"，它标记着我的秘密，那就是我的规格和型号。你可要认真选择，电流太大我会"死给你看的"，电阻太小我会"罢工不干的"。还有我喜欢自由，如果把导线都接在我手上好比手铐，我会生气变成导线不起作用，如果都接在脚上好比脚镣，我也会生气让阻值最大，让你不能调节。还有一个秘密悄悄地告诉你：其实我的本领大小主要看滑片到下端接线柱间那部分电阻丝的长短，太靠下端我的阻值就变小了，电路的电流就会变大，你可要当心用电器承受不了过大的电压。随着我名气的增大，最近也有一些假滑动变阻器出现，请大家一定擦亮眼睛，不要上当受骗。

我把我的一切告诉了你们，希望你们在学习中进一步熟悉我，和我成为好朋友。祝你学习进步。

以上讲述生动活泼，让学生们更了解变阻器，也激发了学生们对物理的好奇心和积极性。

随着"以学生为中心"教学理念的形成，我发现我的课堂更具有"生活品位了"，更有"人情味了"，也逐渐形成了个人的教学风格。我每天养成了读书写作的好习惯，总能发现生活中充满了美的东西，内心丰盈、阳光，充满了激情，个人的教学生活在与学生的融合交织中更加轻松自然，增添了对教师这个崇高伟大的事业的认同感和获得感。

三、倡导终身学习，做"扎实学识"的领路者

让课堂产生学生思想、让课堂焕发生命活力、让课堂展示教学个性、让课堂承载教学相长是我的教学主张。教师不是只有奉献付出，还要有收获、成长。在问题中学习—实践—再学习—再实践，在边教边学中实现教师专业成长，与学生全面发展形成螺旋式上升，努力成为教育教学方面的领衔人物。

在教学中，我通过小组合作、师友培训、课例展评、校本教研、县域公开课、课题研究等方式开展项目式教学，以及在物理课堂教学中应用的研究和实践，创设团结协作、榜样引领的学习氛围，让学生在设计和实施项目中主动参与物理学习，提出问题，实验探究，激发创造力。在此过程中锻炼学生的独立思考和协同合作能力，增强学习过程体验，进而达到深层次的认知目标，最终形成了以学生发展为中心、以课程活动为任务、以问题驱动为手段的教学策略，促进学生全面发展和教师专业成长。以下以《磁现象磁场》为例，分析基于项目式学习的"活动引领问题导学"设计。

项目式学习：指南针的工作原理

（一）情景引入：项目式学习

指南针是中国古代四大发明之一，古代叫司南，主要组成部分是一根装在轴上的磁针。磁针的南极指向地理南极（磁场北极），利用这一性能可以辨别方向，常用于航海、大地测量等方面。你知道指南针的工作原理吗？

（二）课堂探究

活动一：用一块磁铁的不同部位去接触或靠近大头针、钢片、铜片、硬币、塑料片、纸片，观察现象。

问题：

1.具有磁性的物体都能吸引哪些物质呢？能吸引铝和铜吗？

2.磁体上的磁性强弱处处一样吗？你是根据什么现象判断磁性强弱的？

3. 磁体上的磁性强的部分有几处，分别在哪里？它们叫什么？

4. 你会确定条形磁体上的两极吗？你是如何做的？

活动二：将一根条形磁铁甲用细线悬挂起来，另一根条形磁铁乙的N极分别去靠近甲的N极和S极，再用乙的S极分别去靠近甲的N极和S极，观察现象。

问题：

1. 磁体间相互作用的规律是什么？

2. 小组讨论有一个条形钢棒，如何判断它是否具有磁性，你有几种方法进行判断？

跟踪练习（略）

活动三：把磁针放到磁体附近，它会发生偏转。观察并思考。

问题：

1. 条形磁体在没有接触小磁针的情况下，什么原因使得小磁针转动？

2. 观察小磁针N极的指向，思考小磁针受到的力方向相同吗？这种现象反映了磁场有什么性质？

3. 磁场中各处磁场方向不同，如何规定某一点磁场方向？如何描述磁体外部磁场的方向？

4. 磁体外部的磁感线方向如何？

跟踪练习（略）

活动四：让一个小磁针在水平面内自由转动，观察静止后小磁针南极和北极指向；再施加一个力，让小磁针在东西方向静止后放手，观察静止后小磁针指向。

问题：为什么指南针能指南北呢？

跟踪练习（略）

（三）回顾与整理：本节课你学了哪些知识

本节教学设计时首先整合本节课内容分磁现象、磁场、地磁场三部分内容，提炼出研究指南针的原理这个项目，然后设计了4个活动引领项目的研究学习，通过11个问题3个跟踪链接导学本节课学习内容。活动一：用一块磁铁的不同部位去接触或靠近大头针、钢片、铜片、硬币、塑料片、纸片，观察现象。出示4个问题分小组探究形成磁体、磁性、磁极等概念，并通过问题4"你会确定条形磁体上的两极吗？你是如何做的？"自然引出对活动二的探究。活动二：将磁体靠近指南针两端，观察有什么现象，通过分析得出磁体间相互作用的规律，问题2让学生讨论思考规律的应用，通过跟踪练习一总结磁化、磁极作用规律。活动三：通过增加指南针（小磁针）个数和玻璃铁屑磁化，观察小磁针指向变化引入磁场、磁感线概念，设计问题层层推进探究磁场方向、磁感线方向、小磁针静止时北极指向关系，通过跟踪练习二突破磁感线描述磁场这个难点。活动四：再次指出地磁场就相当于条形磁场，让学生讨论为什么指南针静止时南极指南北极指北。这样不但应用了本节课知识，学以致用，还前后呼应，系统严谨。

本节课要通过介绍中国古代对磁体的发现，司南、罗盘、磁偏角发现等在中国历史上的地位和对世界航海事的重大贡献，激发学生爱国主义情感，形成正确的人生观价值观。

课题研究是教师专业发展最好的催化剂，我注重基于日常教学问题的研究，研究内容涉及信息技术教学、小组合作教学、家庭教育、核心素养与立德树人研究等领域。这些课题的研究不但是课堂教学的升华，还引领了部分教师的教学实践，带动了教学研究团队的建设。我主持的日照市教育科研课题《信息技术与学科课程的整合研究》已结题并获日照市教育科研优秀成果三等奖，日照市教学研究课题《生本教育理念下构建有效学科教学研究》已结题，山东省物理教育学会课题《初中物理师友互助合作学习的实践研究》已结题并获山东省物理教育学会教学研究课题二等奖，日照市基础教育项目《基于核心素养的初中教学落实立德树人的实践研究》在研，山东省教育科学规划课题《基于项目式学习的初中物理"活动引领问题导学"教学策略研究》已推省级评审。我的多篇论文在《人民教育》《新课程教学》《教育读写生活》《莒州教苑》等期刊上发表。我还积极组织教师学科专业阅读、师生经典诵读、读书推介活动，集结印刷了《教学相长》师生读写专辑；积极参加新教育晨诵课程的制作活动和地理科普导读撰写活动。

四、追寻幸福教育，做"仁爱之心"的践行者

没有爱就没有教育，没有爱心的老师就不是好老师，名师一定是"仁爱之心"的践行者。从教24年来，我用真情、真心、真诚面对学生，把自己的情感用到学生身上，包容学生的不足，善于发现每个学生的长处，循循善诱，诲人不倦。作为一名幸福的老师，正是学生的爱激励着我成为更好的自己，激励着我耐心无私地为孩子的健康成长服务。

每年我都会和同学们制定的班级最高目标和阶段性目标，制定班级名片、班级口号、班级规范。我要求每个同学轮流撰写班级日记，每周班会评选"每周一星"，并致颁奖词。正是这种积极向上的班级氛围，激励着学生们不断战胜自我，奉献集体。

我注意用手机等设备记录学生的日常生活、班级管理的精彩瞬间和感悟，利用微视频如《天堂午餐》《青春的模样》等对学生进行感恩励志教育，利用微信进行家校沟通。我一直陪伴学生认真参加大课间活动、社团活动。我和其他教师还牺牲周末时间组织参加了以关注留守儿童为主题的"春风行动"，丰富孩子们的假期生活，温暖留守儿童孤寂的心灵。我校注重"毕业文化"建设，组织策划"踏上梦想之路，奔向成功之门"毕业典礼，全校师生有情谊、有泪水、有欢笑，依依惜别，用最体面、最感人的方式为毕业生送行，用"师生情长"激励低年级学生努力学习。

我曾在随笔中这样分享作为一名教师的幸福：有一次，我班的学生突然要召开感恩主题班会。我被蒙上眼睛带入了教室，当我摘下眼罩，看到一盏盏蜡烛拼凑的"陪伴"图案，听到学生们整齐唱出《父亲》时，我热泪盈眶。

同样是流泪，那一次是在九年级毕业典礼上。当学生踏上红毯，当离别的音乐响起，当学生泪眼婆娑地和我拥抱，当会场上回荡着我的叮咛声，当一个学生说："您是和我爸爸一样的人"，当我打开手中满满的承载学生心语和祝福的千纸鹤……我知道：那一刻我就是最幸福的人，这就是对老师最好的回报。

　　幸福是什么？什么是教育幸福。幸福就是"早五晚十"的陪伴，是教室后门那温柔的一瞥，是课堂上的洋洋洒洒，是办公室里的促膝长谈，是毕业典礼上的深深鞠躬，是爹娘那句"好好工作，尽量少回家"的叮咛，是做个希望自己孩子遇到的那样的老师……

　　特级教师刘小红曾讲过教师的成长要遵从"大树理论"：时间、不动、根基、向上长、向阳光。我是这样理解的：时间，学识要有广度，要用一定的时间慢慢成就自己，丰富自己，不断积累，静待花开；不动，没有一棵大树今年种这里，明年种那里会成长得好，自己要找准自己的研究领域，持久深入的研究；根基，专业要有深度，根有多深，叶有多高，要不断学习，扎根教学，反思创新；向上长，追求要有韧度，每一棵大树都是直接向上长，自己内心的力量很重要，真的要成长为名师，自己的内心力量起决定作用；向阳光，胸怀要有宽度，每个人都要有满满的正能量，我们不但要自带光芒，更要善于吸收能量，实现教学相长。

　　教育的最终目的是育人，而育人就要先学做人。作为一个名师，不但应做到"心中有课堂，胸中有学生，手上有科研，笔下有成果"，还应该做到"身边有团队，管理有制度，成果有影响，方向有初心"，做师生锤炼品格的引路人，做师生终身学习的引路人，做师生创新思维的引路人，做师生成才报国的引路人。唯有如此，名师在立德树人的道路上，方能实现教学相长，共同成就师生幸福完整的教育生活。

名师简介：

　　郭宝江，高级教师。曾获全国优秀教师、山东省特级教师、日照市有突出贡献的中青年专家、日照市优秀教师、日照名师人选、"莒州之星"、莒县初中物理学科带头人等称号；曾获山东省初中物理优质课展评二等奖。主持的日照市教育科研课题已结题并获市教育科研优秀成果三等奖，日照市教学研究课题已结题，山东物理学会课题已结题并获山东物理学会教学研究成果二等奖。多篇论文在《人民教育》《新课程教学》《教育》上发表。

寄语：用教师的智慧点燃学生的智慧火花，努力使学生得法于课内，得益于课外。先有技术，后有艺术。教育就是帮助孩子找到他自己，成为他自己，做最好的自己。而我们也在这个体验中，找到努力前行的方向，享受教育，做最好的自己！

博学众家之长　做深耕教育的实践者

枣庄市市中区渴口中学　秦爱梅

年华似水，岁月飞逝，我竟已在教育这个行业里耕耘了十余载。细细回味从新战士到一名"老兵"的转变，认真思考着从一名普通教师到获得各类荣誉的优秀教师的成长过程，我认为学习、实践、反思、合作是一名教师取得成功的必要因素。2018年，我非常幸运地成为第三期枣庄名师名校长建设工程人选的一员，对我来说，"名师"既是荣誉，更是责任。四年来，我勤奋学习，踏实工作，开拓创新，认真履行教师的职责。

一、勤奋学习，理念先行

（一）从书中汲取精华

"学海无涯，教无止境"，教师们只有不断"充电"，才能维持教学的青春和活力。我先后学习了《追求理解的教学设计》《学习评价7策略》《义务教育课程标准案例式解读》《基于课程标准的纲要和教案》《教了不等于学会了》《学历案与深度学习》《教案的革命—基于课程标准的学历案》等书籍。通过学习，增强自己对新课程改革的理解和领悟，反思在教学中的实践；同时撰写读书笔记、心得体会、教学随笔等巩固知识。

（二）在跟岗学习中求取"真经"

在各种形式的培训学习中，我认为跟岗学习改变了以往聆听高高在上的专家报告的形式，通过跟岗落地式地深入当地学校，走近教师，走入课堂，参与学校的教研活动，学到了真知识、真本领。跟岗学习到名校，领悟了学校先进的办学理念和管理方法，学到了如何提高教学质量，提高教师专业能力的有效途径，以及如何构建和谐校园、班级文化等。

学习期间，学校全方位向我们开放，让我们有机会真正触及学校管理的各个层面，让我们能够边看边学，边学边思，零距离接触了名校深厚的学校文化积淀、学校领导独特的智慧和高超的管理艺术。这使我的教育教学理论水平得到了显著提高，教学中的一些困惑也得到了解疑，让我痛快淋漓地品尝到了一场精神和智慧的盛宴，也让我接受了一次理念和思想的洗礼。不禁使我萌生了一个想法——做一名有自己教育思想、追求卓越、善于沟通、终身学习的教师。

二、扎实工作，强课提质

（一）研究课堂模式，提升个人的专业素养

2020年12月，我有幸参加了枣庄市教科院组织的"视导督查"活动，领略了市教科院领导和专家们的精准指导，参观学习了一些名校的学校管理和课堂教学改革。对标找差距，我发现在我校的课堂教学中，学生的学习还是教师"牵"着走，处于被动状态；教师的课堂教学效率低下。基于以上原因，我提出了在课堂教学中，教师要始终坚持以教育教学质量提升为核心，以学生核心素养发展为目标，实现"备—教—学—评"的一致性。我又尝试提出了基于课程标准下的"三学三测五环节"教学模式，得到教师一致认可。"三学"：课前预习，生成问题；课中探究，解决问题；课后巩固，深化问题。"三测"：课前学情检测；课中目标检测；课尾达标检测。"五环节"分别为：创设导课、展示目标、合作探究、收获反思、达标测试。为深入推进教学模式的使用和推广，我相继在工作室联研活动和学校全体老师会议上做了细致解读，编写了学历案的样稿，并执教了《电压》一课的示范课，然后在

集体大教研活动时进行研讨修改、完善、定稿，从而解决了老师们在新课堂达标活动中遇到的困惑。2021年7月，我在泰安参加了山东省初中物理新课程课堂教学成果展示活动，并执教了《声音的特性》一课。参与课例展示的老师，课前认真准备实验仪器，精心设计课堂流程，课上积极引导同学们参与实验，通过开放性、探究性情境的设计，突出学生创新意识和创新思维能力的考查和培养，展示出初中物理新课程课堂教学的良好成果。对标先进，找到不足，发现课堂教学不能太拘泥于形式，要给学生创设真实的情境，要留给学生探索的空间和时间，要适应科技的发展，要有自己的创新点。我讲参评课时，用的是七年级的学生，按照新课堂达标要求，做到了备教学评的一致性，但是过多的进行教学评价，挤占了学生实验探究的时间，导致有"赶课"的感觉，包括一些自制的演示实验器材展示时间仓促。在后续的听课中，也听到一些老师在交流：只要是把教学活动设计好、引导好，学习效果便水到渠成，没有必要每个知识点逐一达标，在达标检测中体现每一个知识点即可，了解学生学到什么程度。这样可把课堂的时间真正还给学生，让他们在体验中提出问题，在探究中解决中问题，注重知识的动态生成过程，而评价恰是镶嵌在学生过程中的。这就是当今课改的"两翼"——课堂改革和评价改革。基于课程标准、提升学生的学科核心素养，不要仅停留在点对点的应试化评价。我个人认为只要我们老师精准把握课程标准，注重学生核心素养的提升，注重课堂教学的实效性，"强课提质"的目的就达到了。

（二）研究课堂教学，打造"四有"好课堂，争做"四有"好老师

课堂是教学的主战场，课堂建设也是学校文化建设的重要内容。在课堂教学中，教师应以"四有"——有序、有趣、有效、有用为构建"好课堂"的标准，开展教育教学工作。这样才能够做一名有理想信念，让学生信服；有扎实学识，让学生佩服；有道德情操，让学生折服；有仁爱之心，让学生心服的"四有"好老师。

1. 有序

有序是课堂教学的必然追求。好课堂首先要能够呈现充分的条理性，给人以强烈的清晰感，条理和清晰是好课堂展示的第一特性。有序化的好课堂指标建构包括：有序的内容设计呈现——环环相扣、层层深入、逻辑无漏洞。教案、学历案以及课堂呈现要紧扣逻辑层次的最优化，抽丝剥茧，条分缕析，追求清晰、简洁之美。

有序的语言表达——清晰、精准、干净地表达一个意思，教师的语言素养在极大程度上决定着学生在课堂上的脑力劳动的效率。语言是思维的外化，语言不精准、不清晰反映的其实是思维的混乱。训练言语表达的精准清晰，可以"倒逼"思维走向有序化。

2. 有趣

有趣是课堂教学的活力、魅力所在。有趣的课堂容易激活和唤醒对世界充满好奇的学生对知识的热情。有趣的情境设计保证了知识在一定的情境和项目中得以讲授。课堂培养的不是学生解题、做题的能力，而是解决问题和做人做事的能力。而解决问题、做人做事能力的培养应该在具体情境或项目中进行。

3. 有效

作为教师，课堂是我们的主阵地。如何使我们的课堂教学真正有效，是我们每一位教师都应该思考的问题。如果教学各个环节都落实了，那么我们的课堂才叫"有效"。有效备课是上好课的前提和保障，要做到备而能用、备而能教、备而能学。有效指导，一定程度上决定了课堂效果的优劣。有效指导，必须做到"五适"，即适时、适度、适当、适合、适应。在课堂的互动环节中，必须做到有效互动。原来我对互动的理解比较狭隘，主要考虑的是学生的"动"。我们通过研课磨课交流，对有效互动的理解发生了变化，这个"动"不是教师或学生的单方面的"动"，既有教师的"动"，更有学生的"动"。有效互动是师生之间、生生之间、师生与所有教育资源之间的一种互动，还是体现学生生命活力的课堂教学行为。有效管理，即教师要顺利完成教学各个环节的任务，必须自始至终对课堂进行有效的管理。课堂教学效率的高低，取决于教师、学生和课堂情境三大要素相互协调。课堂有效性的落实，练习是一个重要的环节。有效练习包括课堂练习和课后练习。

三、科研创新，示范引领

一次活动就是一次唤醒与反思，就是一次超越与提升。我注重教研活动的主题策划和立体思维，尽力打造学科的独特个性，通过开展一系列有特色、有创新的教研活动，推动新课堂达标活动不断深入。

（一）开展教学研究，提升教科研水平。

我先后荣获山东省第十一届物理优质课一等奖、山东省实验教学说课一等奖、山东省优秀自制教具一等奖等多项奖励。主持研究多项省级课题、多篇论文在省级以上刊物上发表。通过撰写论文和课题研究，探索出更高效、可操作、实用的评价方案，提升课堂教学的质量，减轻学生课外负担。

（二）组织研讨活动，加强校际交流。

1. 组建团队，形成合力

2020年11月5日，我的工作室举行了揭牌仪式暨第一次研讨活动。工作室成员张老师为大家上了一堂精彩的新课堂达标样板课，我给大家讲解了工作室成立的过程、意义、宗旨、目标、任务等，并结合本课谈该校基于课程标准下"三学三测五环节"教学模式及工作室下一步工作计划及安排。工作室顾问、齐鲁名师、山东省特级教师、山东省基础教育教师培训专家于老师作了《提升教师综合素养的策略》的报告，给一线老师指明了如何提升教师综合素养，提升自身的专业技能。工作室顾问、枣庄学院陈教授讲述了如何做好教育教学研究，高屋建瓴，让人耳目一新。市教科院物理教研员刘老师就如何开展工作提出了四点意见，并衷心希望"秦爱梅工作室"成员，在两位专家的引领下能把握契机，明确目标，踏实工作，早日成长为名师专家型教师。我坚信"独行快，众行远"，聚合力才能赢发展。要做到知行合一、教研一体，我们应把教学研究落脚于日常教育教学实践中，落脚于工作室的研修活动中，落脚于学校课程建设的实践中，落脚于读书和反思研修的积累中。

2. 校际联研，取长补短

为进一步加强农村中学教师队伍的专业化建设，提高教师业务工作水平，我们以工作室培训活动为契机，发挥工作室"帮包带"的作用。在与兄弟学校的联研活动会上，我做了《新课堂达标对教师的要求》报告。报告从课程标准、学期课程纲要、单元方案、课时教学案、学历案五个方面进行了解读，让参会老师对新课堂达标又有了新的认识。为实现教育资源均衡，市教科院根据学校实际情况，搭建了"联研共同体"，打造强校帮扶、名校引领、集团办学的新格局，渴口中学被帮扶于枣庄市第四十一中学。枣庄市第四十一中学在新课堂达标活动中走在全市前列，特别是在强课提质方面效果显著，重点高中升学人数年年创新高。

枣庄市第四十一中学的"李艳工作室"成员为区直四所学校的骨干教师，我的团队是十所乡镇中学优秀的青年教师组成，联合教研实现了资源共享，更大地发挥了团队合作力量，加强了城乡交流，开阔了乡镇学校教师的视野，提升了他们的专业素养和能力。

3. 各美其美，美美与共

在"新课堂达标"活动伊始，老师们在质疑、在观望、在困惑，认为只是一种形式主义。为了打消老师们的顾虑，我多次召开专题会议，执教了一次全体教师观摩的示范课，并结合"新课堂达标"的要求和我校原有的教学模式制定了《基于课程标准下"三学三测五环节"教学模式》工作方案。物理和化学学科编写了学生上课用的《合作学习单》，与2021年推行的学历案相吻合。工作室的8位老师更是所在学校教改的"排头兵"，有5位老师执教了区级公开课，有2位老师参加了区级优质课的评选。

四、努力前行，享受教育

在工作之余，我购买了有关教育管理和课堂教学改革方面的书籍来提升自己的理论素养。同时也积极参加各级各类业务评比活动，不断提升自己的业务能力。

23年，弹指一挥间，我从一个懵懂的年轻教师成长为一个物理学科带头人、教学能手、中学高级教师。银丝慢慢爬上了我的鬓角，这是我教育生涯的标记，也时刻提醒我要不忘初心，继续前行。参加工作以来，我始终把"学高为师，身正为范"谨记心间，并把它作为行动指南，以及行为标尺来衡量自己的教学得失。在这平凡的工作岗位上，我始终相信"我不是最优秀的，但我一定做到是最用心的"。以后我会骄傲地告诉我的孩子：妈妈曾经很努力地奔跑过，没有轰轰烈烈，只有全力以赴，全力以赴地爱着我那群学生。而那个时候，那些爱的种子，已经长成了参天大树。学生们也已经成为国家各行各业的优秀人才。

真的感谢这个美好的时代，让我有幸可以从事太阳底下最光辉的职业。更感谢那些可爱的学生，让我可以体会到作为一名教师的自豪与幸福。

名师简介：

秦爱梅，高级教师，现任市中区渴口中学业务副校长，同时兼任山东省教育科学研究院兼职教研员、山东省师范类高校学生从业技能大赛专家、枣庄市初中物理兼职教研员。曾获得山东省优秀教师、枣庄市特级教师、枣庄市有突出贡献教师、枣庄市第三批名师、枣庄市教学能手、枣庄市骨干教师、市中区劳动模范、市中区优秀教育工作者、山东省优质课一等奖获得者、多次举行省、市级公开课、担任主持人的多项课题获得省级结题、多篇论文在省级以上刊物上发表。

一路走来的我

临清市烟店镇中学　孙福锋

一路走来，我的成长，总觉得那么长，又那么短。那就从上班开始说吧，大概经历了三个阶段。

第一阶段　十年艰辛探索路

一、初出茅庐

那是1994年7月，师范学校毕业的我，本想回到老家的乡镇中学，也是我的母校教书，履行自己当年在团旗下的誓言，在老师的帮助下快速地成长。没想到的是，偏偏不如人愿，报了几次到都未成功。老父亲整天地长吁短叹，他说："难道这书就白念了不成？"去了很多次教育局问情况，得到的答案是一样的：再等等吧。在别人看来，毕业后上班前的这段时间是很美好的，去找朋友玩儿，出去逛逛，而我却承受着内心的煎熬和生活上的痛苦。有一次我又去教育局问情况，正赶上烟店中学招老师，说外乡镇的也可以去。机缘巧合下，我便报了名。工作总算有了盼头，早点上班，以后就可以领到薪水了。

烟店镇在临清的西南方，与冠县搭界，隔河又与河北省的馆陶、邢台接壤。烟店镇距离临清大约30千米，我家在临清城郊，那时候交通不发达，骑自行车得两个多小时。我第一次去烟店，像旅游一般，好远又好累，就连说话的口音与我们也不一样。学校位于一个荒僻的地方，而且校园中有许多梧桐树、松树。报到结束，校长安排我三天后开始上课。带上被子和蚊帐，怀着喜悦与忐忑的心情，我到烟店中学正式上班了，开启了我的教师生涯。

二、奋发图强

这真是一所特殊的学校：16个教学班，除校长、年级主任外，相当一大部分老师都是民办教师，年龄不一，并且他们来自周边不同的乡镇，甚至有来自河北省的老师们操着不同的口音，上着不同的课程；学生们更超乎我的想象，有些学生的年龄比我小不了几岁，不爱学习的学生占相当大的比例。据说有条件的，或者说学习好一点的，都上外地上学了。我就在学校的小平房和几位老师一块住了下来。由于路途远，我不能经常回家，就在学校里看书、跑步。我曾信誓旦旦地告诉自己：我要尽我的所能改变一些东西。大概学校的领导很看重我，头三年里除英语之外，几乎所有的课程都让我上了一遍。还有原因就是，一些民办教师不断地辞职。我天天除了上课，剩下时间就是备课，全校的学生基本都认识我。

三、问题与锻炼

毫无意外地，我成为一名班主任。让我一个从学校走进另一所学校的大孩子，带上一群比我稍小一点儿的孩子，且有相当一部分不听话的孩子，这真让我头大。我所带的班是大班额，记得第一届学生初一的时候是81个人。走进教室里，可以说人挨人，更确切地说是人挤人，说话乱哄哄的，更有甚者，上了课也有学生打架。有时候，即使我没有课，也不能闲着，得处理学生之间的"官司"，时不时还有家长来学校找我要说法。

我的初中第一届学生给我惹的事儿，大大小小不下上千件，回忆起来就如读一部厚厚的书一样。其间，在与家长、校长、主任交涉中，锻炼了我处理问题的能力和语言表达能力。我的日记中密密麻麻地记录了这些琐事，以及所感、所想，这对我的成长是一笔宝贵的财富。后来几届的班主任工作，我便轻松了很多，同时也对一些问题做了预设，避免了一些问题的产生。

四、课堂的失控与把控

初为人师的我，上课时总是小心翼翼的，同时课上也常有学生找我的"麻烦"，有些调皮的学生还会装腔作势地笑话我，令我很难堪。虽然很气愤，但我那时在想是不是我的问题。于是，我就找老教师请教，去听他们的课，看他们怎样处理学生问题。我渐渐地懂得了教学与自己学是两码事，你会了不等于他会了，也不等于他就认可你了，需要的是跟学生亲近一点儿，慢慢教他学，让他学会；还要常常与班长、学习委员、课代表沟通。沟通能力是很重要的，否则你讲的他们也不听，就像"瞎子点灯——白费蜡"一样。所以，了解学情是上好一节课的关键，把握了这一点，课堂便容易掌控，你的课就能安心地上了，学生也能听了。

五、写点什么

在每天与学生、老师打交道的过程中，许多小事儿让我浮想联翩。回想自己在大学里学的教育学、心理学等内容，总会反问自己：是不是现在就在研究这些样本——学生，我又能在这其中提炼出什么呢？于是，在夜深人静的时候，我常常奋笔疾书，记下生活中的点点滴滴。有时候我会提炼出来写成文章发表出去一些，但大多数有去无回；也有一部分得到了教育局的认可，还给我颁发了证书，对我来说是一个很大的鼓励。因此，我写东西的习惯便慢慢地养成了，并且坚持了下来。

六、教育故事连成串

论文可以发表，可能还会获得证书、荣誉，也为晋级增彩，但我更喜欢的是写教育故事，写发生在自己身边的事儿、自己的学生，不图名利，只求内心的一种平衡。日记中的事变成了一个又一个的教育故事，成了我写作的素材，甚至有些学生常跟我开玩笑说："老师，如果有一天我失忆了，我会让你打开你的日记，找回我少年的记忆。"

第二阶段 第二个十年——确定方向

一、教学改革，勤探索，集体备课

　　随着办学条件的好转，又有好多的年轻人加入我们学校，使得教师队伍的学历层次普遍有了提高。此时，我在的中学的物质条件有了很大的提升和改善，而且我成了学校的中坚力量，还接到了"带徒弟"的任务。由于物理学科只在初二、初三年级有，所需要的老师并不多，想提升成绩也不容易，形成团队更不容易。怎样才能够向课堂45分钟要效果？怎样才能普遍的提高学生的成绩呢？怎样才能让自己的课走出烟店中学，走到临清甚至更高？除了学习先进学校的办学经验，多听名师的公开课，剩下的时间就是丰富自己，打造自己的课堂，让自己的风采"走出去"，发挥团队的作用。我想我真正的教研之路，大概就是从集体备课开始的。我第一次听到"集体备课"这个词是在向民族中学学习的时候，民族中学的老师提出了这个概念。回来之后向校长汇报，校长让我们尝试。也就是从这个时候起，我们开始探究课型、新授课、复习课、讲评课、实验课以及他们的授课程序，包括导入、学生自学、检查，然后是精讲点拨，课堂练习、小结、布置作业，以及各环节之间的联系。语言的设计、课件的制作、实验的演示及分组实验的设计、课外小实验等也纳入了备课之中。经过一次又一次地磨课，一次次修正，请教研员和经验丰富的老师来指导，前前后后努力了好长一段时间。最后，我们采取"小循环快反馈"的模式，应用于物理课堂教学之中。

二、实验进课堂

　　让学生做实验不是我的突发奇想，之前有好多老师跟我讲：实验说一说，讲一讲就行，不要真正去做，真正去做太麻烦了。而我都认为，实验必须让学生来做。这个认识是从我孩子身上得到启发的。那时候我上小学的孩子经常问我，这个是为什么，那个是为什么，我讲了好多次，可孩子总是问。还有，我在与孩子做游戏的时候就发现，如果让他自己动手去做，然后让他自己去思考，这样经过好多次的训练，不但能够达到锻炼自己动手的能力，而且还激发他的兴趣，而且他在做事的时候精力是集中的，可以培养他的专注力。于是，我从中受益，把这个事迁移到课堂教学中，让学生自己来做物理实验，自己选器材，自己动手操作起来，既锻炼他们的动手能力，也让他们对本学科产生了兴趣。结合上面的情况，我又布置了课下小实验，让学生在家里做，利用身边的器材让他们多观察现象，找原因。我再把这些实验的情况进行汇总分析，为下一轮的课堂教学做好铺垫。这样反而取得了更好的效果。

三、我也要出题考考你——研究中考试题

在教学过程中，我总是在想："能不能根据自己学生的特点，出一些题目来考考学生呢？"于是，我想到最有效的方式就是研究中考题。我把近几年的中考题做一遍，看一看难度、题型、侧重点，再把每一套题的知识考点统一罗列下来，看一看力学、光学、电学、热学等部分各占什么样的比例。我还试探性地找一找试题共性的东西，并与课本进行对照，看考查的知识点和问题的联系。每年我都进行这样的比较，也给初三的学生做考前指导，指导他们复习，以及在考试中应该注意的问题。后来，我就试着出一套题，让学生做一做。通过研究考题，出题让学生做还真的提高了不少学生的成绩，并在中考中大放异彩。

第三阶段　近几年的新发展、新探索

一、走出烟店中学

从前，每次看到优秀老师讲示范课，我都羡慕不已，常在想：什么时候我也能像他们一样讲一节示范课，让其他老师也听一听？这成了我那时的心愿。因此，我努力地磨课，不断地练习，寻找机会。功夫不负有心人，后来我一次又一次地参加课堂比赛，一步又一步地走出学校，到临清去讲课，到聊城去讲课。在此期间有了更多的机会向优秀的老师学习，提升自己的能力

和教学水平。

二、由听课到评课，再到做评委

认真听课，针对性地学习；对照自己的实际，结合教学理念，正确地评价课堂，是锻炼思维，提高自身能力，提炼优化课堂表达的有力手段，也是提高自己认识水平的必经阶段。在每一次的教研活动中，我都积极发言，认真听课，找优缺点。因为发言的机会就多了，我的知名度就相对地提高了。2020年，我在县级的教学能手评选中做评委。2021年，我又在聊城市优质课评选中做评委。

三、课题编写，提升自己

一提到课题，好多人就头疼，一大本书怎么写，写什么呢？开始的时候我也有同样的疑问和感受。在学校第一次做课题是和同事一起。那个时候同事做，我只是参与做个副手，边看边学习。第二次参与课题编写，是组织了几个同事一块来做，有点儿央求别人的意思。正是这一次，让我对课题的认识有了提高。几乎每一篇文章，都由我撰写，然后每一个结果都由我统计，整整花了两年的时间，这也让我学会了一门技术。之后又陆陆续续地帮几位同事完成了3个课题。在这两年间，我总共参与了5个课题的编写。在2020年，我又组织我校教师40余人编写校级课题，立项了10个课题。课题在2021年的考核中得到了临清市教育局领导的认可。

四、学校教科研活动——半天无课日活动

2019年4月，在去东平学习"半天无课日"活动归来后，我校便开展了此项活动。本活动由我们教师发展中心组织，我是这个活动的主要负责人之一。我主要负责活动的组织，并对情况进行分析汇总。3年来，该项活动得到了市教育局的认可，多次受到表扬，并多次在兄弟学校活动中展示，成为我校的一大亮点。

五、送教上门做公益

2018年，我校对附近村镇的校外残疾儿童和不能到校学习的学生进行了摸排，并要求教师"上门服务"。我第一个报名，并与同事一起对两个学生进行"上门服务"，指导学习。两个孩子非常可怜，都是残疾儿童，行动不方便，我们就每周抽时间去他们家，给他们上课，让他们感受社会的关怀。这个活动同时也得到了家长和社会的认可，给我们学校的评价很高。

六、教育故事中的你我他

做教育，凭着一颗真诚的心来，不能有半点虚假。这其中虽然有不愉快或者不理想，但是其过程是美好的，往大处说是奉献于社会，往小处说是让自己内心得到慰藉。一路走来，虽然我没有鲜花和掌声，没有显赫的声名，但在这条路上我洒下过汗水，努力过，付出过，已足矣。我不善言辞，文采不够，所以仅作此文，供大家参考，希望对你们有所帮助。

> **名师简介：**
>
> 孙福锋，高级教师，中学特级教师。山东省第三届初中生创新实验大赛优秀指导教师，教学能手。曾在省级及以上报刑发表论文多篇。

不积跬步无以至千里

——我的学习之路

日照市岚山区巨峰镇初级中学　魏　艳

　　1996年我从日照师范学校毕业后，怀着一腔热情和教育梦想回到了培育我的这方热土——巨峰镇。26年来的基层教育工作让我深刻感受到农村孩子对知识的渴望，对美好未来的向往。我热爱这份事业，喜爱我的每个学生。我愿意为他们的未来插上一双翅膀，点燃我的青春指引他们前进的方向。

　　我一直认为教育不是为了分数，教学更不是只为了让学生会做题。在立德树人的方针政策指引下，我们只有做有大情怀、大格局的教师，才能培养出有大情怀、大格局的学生。我们物理老师不仅仅是在传道授业解惑，还担负着为祖国科技振兴培养全面发展、敢于创新、敢于实践、敢于质疑的科技人才的光荣使命。提升学生的学科素养，促进学生的全面发展，打造有厚度、有温度的课堂，是我努力的方向。

　　"教而不研则浅，研而不教则空"。我善于学习，乐于钻研，立志做学习型教师。我积极参加各级各类教科研培训和学习，和名师交流，向骨干教师取经，学习各种先进的教育教学理论，探索物理新课程改革的教学方法。我将新的教学理念运用到自己的教学实践中，使学生乐于学习，自觉求知，从教会学生学习方法入手，不断提高学生学习能力、动手能力、思维能力。多年来，我注重情境教学，重视学生实验，形成了和谐自然、扎实高效的课堂教学风格。

2013年我执教了市级公开课《作图专题》。所承担主持的区级、市级课题都已顺利结题。2018年，我在省级刊物上发表论文《浅谈活动物理教学法在中学的实施》。在物理优质课比赛中，先后获得区级、市级一等奖；2014年12月，在全省初中物理优质课评选中，荣获二等奖。2014年底，被聘为日照市初中物理学科兼职教研员。2014年获得岚山区教学能手称号；2016年被评委岚山区物理学科带头人；2018年被评为日照市初中物理教学能手。2019年度被评为区教学工作先进个人。2021年被评为日照市爱岗敬业优秀教师。近几年还参与《初中物理伴你学》《初中物理课清测试》的编写。

一枝独秀不是春，百花齐放花满园。作为学校物理教研组长，我积极带领同学科教师进行教改教研活动，定期组织集体备课与讨论。作为市兼职教研员，我更关注青年教师的成长，常和他们一起备课、磨课，交流从教心得。2017年11月岚山区青年物理教师培训会上，我的发言《浅谈为素养而教》获得了与会人员的高度评价。2021年7月，在全市物理教研会上，我做的经验介绍《"小"物理、"大"情怀——基于核心素养培养全面发展的人》再次获得了与会人员的一致好评。

务本求真，爱学习、善反思，追求师生的共同发展，是我最明显的特点。生命处于不断探索与追求的过程之中，为了理想中的教育事业，我在不断努力！

一、我的教育目标与人生规划

（一）不断深入学习，做学习型人才

他山之石，可以攻玉；他山之玉，可以剖金。在新的历史时期，新课程改革要求教师与学生共成长，教师不应该仅仅满足于专业知识的掌握，更应该思索育人方式的改变。我们必须不断学习，不断成长，只凭仅有的那点知识，那点能力，那点经验，就如同井底之蛙，最终会被时代淘汰的。我要积极主动的通过各种渠道学习教育教学理论，积极参加各种培训来开拓思维。主动参与各类互动学习与交流，取长补短，不断提高。珍惜每次学习培训以及向同行、专家请教学习的机会，提高自身教育教学及科研能力，完善自己

的教育理念。除了读教育教学方面的书籍外，还要扩大阅读的范围，开阔自己的视野，保证每年多读几本好书。希望在不断地教学、研究、创新中，我能享受职业的乐趣，发掘自身的价值，担当起引领和引导的新使命。

（二）加强教法的研究，做研究性人才

教学虽无定法，但有基本理论和原则。初中物理贵在让学生爱上物理，学会探究。我希望能和更多同行一起，研读新课标，设计新思路、制定新教案。让每一堂课都成为优质课，让每一堂课都能给学生成功的喜悦。我愿在教学与研究活动中起模范带头作用，立足学校实际，经常进行教研反思，不断进行教研总结，整理实践中那些新鲜感悟、体会和问题。同时积极参加听评课活动，努力成为具有主体意识和探求精神的教师。

二、我的学习与成长之路

在参加过的大大小小的培训会上，我都是边学边反思，不断汲取着积极地能量。印象最深的有以下几次。

（一）星光闪耀青岛西海岸

2018年山东省"互联网+教师专业发展"工程初中物理学科省级工作坊现场会议在青岛西海岸新区外国语学校举行，可以说这是我参加的最高级别的培训。

江西省首批特级教师、教育部《物理课程标准》研制核心组成员、人民教育出版社物理教科书编者、江西省物理教学专业委员会理事长黄恕伯教授作了题为《初中物理概念教学的优化》的报告。78岁高龄的黄教授精神矍铄，气场十足，一张口，就牢牢抓住了我求知若渴的心。他从"物理概念教学的通常过程和基本策略"及"初中物理概念教学基本环节的实例分析"两大方面详细阐述了如何优化物理概念教学的方法。黄教授将近3个小时的讲座，通俗易懂，深入浅出，幽默风趣，有理有据，大量物理教学实例引入其中，让我真正明确了哪些做法是正确的，哪些是不合适的，特别是提出了物理概念用构建模型的方法进行思维再加工建议，更使我醍醐灌顶。这场报告得到在场专家和教师的一致好评。

烟台市牟平区文化第一初级中学林海波副校长在报告中提出，老师应该做"教学的设计师"。他认为，教学设计需要深度分析学情、合理利用资源，关注方法设计要点，并结合自身教学课例与大家分享了教学设计的经验。邹平市实验中学刘刚老师，指出了在"密度"教学中老师们经常面临的三大问题，并基于此类问题，多维度地阐述了对"密度"的理解，为密度的教学指明方向。泰安市岱岳区开元中学王玉斌校长，用大量优质的教学案例、精彩的视频，向大家生动的传达了初中物理的趣与美。莱芜汪洋中学教师李寿岸，做了题为《实践探究教学的实践与思考》的科普讲座。

本次会议，既有理论引领，又有课例研究，对照理论观摩教学实践，应用实践理解理论，对基于物理学科核心素养的教学研讨起到了积极的引导作用，有效推动了我省物理教师专业发展，为我省初中物理教育质量的提高打下了坚实的基础。这次大会，我对以往自己的一些不成熟的想法有了更深刻的理解，坚定了我在教育教研这条路上不断探索的决心，也为我指明了下一步努力的方向。

（二）风正潮平，小店中学扬帆起航

2018年我去日照莒县小店中学参加市初中课堂教学改革现场会。

感动的是一所农村初中植根于丰厚的历史文化底蕴——横山精神之上的朝气蓬勃！震撼的是全校1117名师生脸上洋溢的幸福与真诚！

我去过昌乐二中，也观摩过原巨峰二中"271"教学模式。在这个50岁以上的"老"教师占51%的乡村学校，我再次看到了"271"教学模式的影子。不同之处在于，这里有一群有着高尚教育情怀的教育工作者，他们把热情和心血毫无保留的奉献给了养育他们的这方热土，用8年时间在这块并不富裕的土地上缔造了一个完美的教育神话！他们的努力与坚持终于换来了今天的成就！去伪存真，追求本真！"本真"教育的理念已经深入每个教师学生的内心，也得到了家长和社会各界的认可！

其实，小店初中的"本真"课堂并没有太多高深的理论，他们学习借鉴的三步六环节：课前预习、课中探究、课后反馈的"三步"，解读学标、分组合作、展示点评、质疑拓展、梳理小结、达标检测的"六环节",也并没有多么的新颖,还是昌乐二中的理念与模式的缩影。2014年,我在参加完省物理优质课评选之后,也曾大胆地在我任教的班级开始我的课改之旅。坚持"为素养而教"的教学价值观,从物理错题本的建立和使用,到活动教学法在我们农村学校的实施探究,我也逐渐取得了一定的成果。2015级学生中我所任教的八年级三班的物理曾经在期末考中获得全区第一的好成绩,与我的课改应该有直接的关系。遗憾的是我从那之后一直没教过八年级,没能持续地把我的课改热情保持下去,除了留下了一些当时课堂上或实验时抓拍的照片,没能形成文字材料,没有做好经验的积累。我今天现场观摩中感到震撼的就是:小店初中全校师生拧成一股绳的精神和毅力,迎难而上持之以恒把课改进行到底的决心和态度!他们师生脸上洋溢的自信与快乐不是伪装出来的,那种精气神从课堂上延续到课堂外,已经成为渗透到血液骨髓里的流动的幸福。

我一直认为物理新课标中要求的"学习方式多样化,注重科学探究"的做法是非常必要的,变化方式可以激发学生大脑的不同区域兴奋,让孩子能保持学习兴趣,提高课堂效率。这么多年来我一直坚持在做的事情就是:器材陈旧,人心不能旧。只要我教的班级,只要我能准备提供实验器材的,我就是拼凑改装也想办法让学生去做实验,亲自动手经历探究的过程,体会每个物理结论的由来。虽然这样会占用一些学习的课时,可能不如天天练题刷题成绩提高更快,但我始终有个教育梦想,那就是让农村的孩子也能体验实验探究的快乐,体验发现的快乐,我想为提高他们的学科素养插上一双翅膀。毕业时我常和孩子们说的一句话就是:"很多年后可能你已经忘了你的物理老师是谁,但我希望你记得你做过的每一个实验,记得你所掌握的探究的方法,它们会让你受益终身。"

但课改进行这么多年,在农村学校的落实还很肤浅,多数学生在课堂学习中不能自主地发现问题、提出问题,还是被动接受,这说明学生的学习主动性还不是很大,说明学生的思维还没有完全被我们打开。高中的教育看初中,初中的教育看小学,学生能力的培养应从小开始。课改绝不是一蹴而就的，但在初中有中考压力的存在，实施起来就更困难，还必须得到老师和学生的认可。

"教无定法"，模式只是一种外在的形式而已，我觉得创造一种模式并不是我们课改的最终目的。只要我们能调动起学生的学习积极性，能让更多的孩子参与到课堂学习活动中来，乐于体验、勇于探究、善于总结、勤于反思，这样的课堂就是好的。

（三）市研讨会"百家争鸣，百花齐放"

作为评委，去参加市实验物理研讨会感受最深的两点如下。

1. 立德树人，全面育人，物理老师"百家争鸣"

赵红艳老师的《浮力》一课，立足学生核心素养的发展。以一段国产航母"山东号"的训练视频引入，调动学生爱国热情，激发学生学物理报效祖国的民族责任心和使命感，从而揭示了课题浮力。探究浮力产生的原因时，赵老师用自制的玻璃容器演示了一个神奇小魔术。从上层倒水木块不浮起从下层倒水木块浮起变抽象的分析为直观现象演示，学生再结合立方体物块受力分析，轻松理解了浮力产生的原因。对于重点知识浮力大小与什么有关的实验，让学生大胆地猜想，再分组讨论拿出方案，引导学生展示不同探究问题所用的方案，最后分组实验得出了结论。这节课注重了问题的提出，知识的发现过程，符合科学探究的规律，强调了尊重事实进行数据分析从而得出结论。这些都是我们每个物理人应该追求和打造提升的。赵老师的语言丰富、状态自然，基本功也都得到了老师们的一致认可。

沈兆军老师的《简单机械》是九年级的一轮复习课。沈老师把简单机械的实验器材杠杆搬上了复习课堂：设计了一条测钩码重力的主线，引导学生从利用测力计测，到利用杠杆测，再利用滑轮组测量。利用杠杆测钩码重，学生是分组进行了设计，画出来不同的杠杆示意图，引导学生在对比中形成统一认识，为什么要在水平位置调节平衡，就是为了便于测量力臂。不知不觉中突破了力臂这个画图和实验的难点。一道典型例题的设计既复习了杠杆的平衡条件，又复习了示意图画法，从中还引申出来如何找杠杆最小力的问题。题目设计得非常巧妙。使用滑轮测量钩码重力，沈老师为节省课堂时间提前录制了实验视频进行播放。引导学生利用数据分析回忆定滑轮和动滑轮以及滑轮组的特点，也对比了有用功总功，复习了机械效率的定义问题。典型例题二再次巩固了这几个公式的使用，达到了讲练结合，学习致用的目的。这节课发掘了知识之间的内在联系，层层推进，润物无声，不知不觉中让学生建构起知识的体系，很好地促进了学生深度思维的发展，提升了学科素养。

2.格物致理，务本求真，实验创新"百花齐放"

全市14名选手的创新实验说课及演示活动异彩纷呈，选手们真可谓是"十八般武艺样样精通"。涌现出了很多设计的亮点，体现了物理老师们高超的发明技能。

经济技术开发区刘加江老师《焦耳定律》创新器材使用了温度传感器，直接测量温度，符合数字化科技化的原则，比课本中用空气箱和U型管更好观察。新营的张海波老师《电功》一课使用自制电动抽水机抽水设计了不同电流和不同电压时电路，比较相同时间内抽取上来的水的多少，然后绘制电压与抬升高度的图像，得出成正比的关系。课本中只有几句话直接给出了公式，这种做法直观准确，学生记忆深刻。五莲县的张金高老师塑料瓶中吹气球实验证明大气压力的存在。张老师通过常规方法吹，吹密闭瓶内的，吹开孔瓶内的，从小孔吸气，气球内注水形成喷泉等一系列操作，把一个普普通通的小气球"玩出了花"。这个实验直观易上手，大大提高了学生学习的兴趣。岚山张志刚老师在《平面镜成像》的实验中，用钢化膜代替了玻璃板，解决了玻璃厚度二次成像的问题，用工字钉和带坐标格的泡沫板，便于确定像的位置。纸盒和两块平行的镜子自制成变异潜望镜。借学生的认知冲突，去选器材解决冲突，突破了探究难点。莒县王晓芬老师自制烟雾箱用来显示自行车尾灯演示光路模型，用烟管弯脖自制潜望镜，变废为宝，简单可行。莒县徐兰宝老师根据吹硬币很难成功的实际，对《流体压强与流速的关系》一课的实验进行了创新，增添了漏斗吹乒乓球，自制塑料瓶代替漏斗瓶侧面打孔，怎么吹都行。自制软管插入红色液体快速吹气液体被吸起。自制教具打开水龙头后两侧软管中液体水位不一样高。所有实验物品均来自生活中常见物，所有视频录制的都是学生做的实验，很接地气。

新营的李娜老师为我们带来了一场视觉的盛宴。《光的反射》打破传统的二维光路模型，利用亚克力圆板、亚克力半球、铝制转盘、平面镜、檀香、自制量角器、红色绿色激光灯束，所有步骤的实验探究直观清晰，改二维平面为三维空间，可以在空间的多个平面进行探究，使实验结论更具有普遍性。

五莲的徐衍刚老师《电磁继电器的改进和应用》改弹簧拉力回弹为衔铁重力回弹，改金属框架为木板框架，改造了电铃电路固定触点为弹性片触点，改造水位报警电路中两易腐蚀的金属块为两个浮球。综合性和趣味性大大增强，让学生对金属结构的电磁继电器不再感觉那么神秘，同时处处体现出物理教师都是能工巧匠、发明家。高新区的李淑英老师《探究流体压强和流速关系》中，设计了"追击炮"演示实验，用电吹风对着管口吹气，乒乓球弹出。让学生用注射器向水槽中模拟小船中间注水，体验流速与压强关系。用电吹风对着飞机翅膀模型吹气，体验升力。岚山苏同金老师的《大气压强》实验中，充分利用真空罩，组装自制气压计放入真空罩，抽气后观察自制气压计变化；向内充入气体，再加热内部气体，观察自制气压计变化，从而总结出大气压强的一系列特点，创造性的使用了身边器材。莒县的姚凤强老师《浮力》一节，把所有实验用到的器材加工整合到了一套演示水箱中，特别是对浮力大小与什么因素有关的探究，轻松进行了难点突破。莒县的雷琦老师《杠杆》改进了现有器材都是直杆的现象，制作了多种不同偏折角度的杠杆，加深了对力臂的理解。山海天的李玉东老师是参赛选手中年龄最大的，《串联和并联》李老师把家庭电路搬到了课堂，自制的大展板易操作，更直观，串并联电路同时对比研究，方便了学生对短路和短路故障现象的真正理解。北京路中学的刘燕老师《平面镜成像》实验在器材改进上很有特点。用镀膜亚克力板代替普通玻璃，为学生准备了4个大小不同的"1"代表像。在实验方法上用了平板电脑和自制立体投影仪，显示立体的水母图像，直观震撼，很容易就吊起学生胃口，这种创意实属少见，评委们也近距离地感受到平面镜成像中的对称之美。立体投影大解密后，学生也可以用透明塑料片自制金字塔，看到神奇的立体图像了。

这次比赛选手们真的是八仙过海各显神通，各有各的长处，各有各的风采，带领我们走进了春天的百花园，领略着姹紫嫣红的绚烂。

三、今天，我们的选择

我在不断地学习努力着，我们所在的物理团队积极向上、团结一致、善于学习，也在不断地进步中。新课标的落地，让我们更加明确了方向。

（一）从让课堂充满生命的活力开始

1.教师的眼界要高，指的是作为物理教师，必须关注科技发展现状。

我们必须了解最前沿的科技，必须了解最高端的新技术、新发明。在创设问题情境的时候，无论用什么形式，我都要跟上科技进步的脚步及时代发展的步伐。从"蛟龙号"到"奋斗者号"载人潜水器，从"辽宁舰"到"山东舰"，等等，目的不仅仅是作为课堂引入，还要告诉学生：这是我们中国的骄傲，这是我们的国之重器，这是我们的最新科技……增强学生的民族自信心和自豪感。

比如讲能量的转化时，我利用"祝融号"火星车的视频，让学生去分析。讲解密度的时候，科普了可燃冰这种新型清洁燃料的开采，让学生说出可燃冰的密度表示的物理意义。在学习浮力时，利用贵州非遗传人独竹漂视频引入，宣扬了文化的传承。在学习磁现象时，引入时由司南提到了这是中国古代的四大发明，讲完之后，再放一段磁悬浮列车的视频让学生谈谈感受。这些做法就是在培养学生的一种社会关爱，一种家国情怀，还让学生体会到科技就在身边，科技改变了生活，要为科技进步而努力。

2.学生的思维能力要深，离不开思维碰撞课堂建立。

关于学生思维能力的训练，不是说学生自己能够独立形成的。是要靠老师的引导老师的问题设置。课堂要形成"思维碰撞"，关键是有能够挑起认知冲突和思想交锋的话题。建立思维碰撞课堂，目标是培养学生独立人格和批判性思维能力，鼓励学生积极参与、平等对话，这本身就是在落实核心素养目标。

比如在设计"阿基米德原理"的实验时，提出问题："你打算用什么来收集溢出的液体呢？"我一般是给孩子提供3套不同实验器材：一是常规的溢水杯，塑料小桶来收集液体；二是不用小桶选择带刻度的小量杯来收集液体；三是给孩子提供一些塑料袋，比较轻薄比较结实的那种，可以忽略自身重。让学生们去讨论选择不同的器材应怎样设计不同方案，打算怎样去进行操作。

再如"凸透镜成像规律"的实验，一般老师都是按照课本上的顺序，从二倍焦距之外，逐渐往里推进到二倍焦距上，或者到一二百焦距之间，但是问题来了：这样就等于牵着孩子的鼻子走，并没有体现探究的真正价值。我在上这堂课的时候，是先让学生去找到最小最亮的光斑。然后在学生找到最小最亮的光斑的过程中，他体会到，再往前移一点儿或者再往后移一点儿像都不清晰，所以说像最清晰的点恰好是最小最亮的光斑所在的位置。这是先学会找清晰的像，不然后面的实验过程中，学生就会有很多数据是不合理的，甚至是无效的。再引导学生进行深入的分析，合作讨论发现，这个像的特点还跟这个焦距有关系，从而最终发现成像的一条条规律。在处理实验数据时，我把学生的实验数据汇集在一起，再引导学生自主分类，他们自然会把成倒立缩小的像的数据放在一组，成倒立放大的像放在一组。这样做既实现了数据共享，又培养了合作意识。

3.教材使用要灵活，用教材教，而不是教教材。

如果说教师是主导，学生是主体，那教材只是一个媒介，所以我们在使用的时候呢，应该是用教材教，而不是去教教材，就是说不能受困于教材。在使用教材的时候，我们可以大胆的创新，比如可以调整有些知识出现的顺序，也可以整合部分内容。

比如说我们在做那个"探究二力平衡条件"实验的时候，课本上是利用小车放在桌面上桌子两边挂钩码来做实验，这个实验我估计不少老师都选择略过。这么多年我有一个特点，就是只要学校有分组实验的器材，我一定带着学生做。如果器材不能用，那么我就自制简易的演示器材给学生做演示。这个实验，我选择用塑料硬纸片代替了桌面上的小车，并让学生成功做了分组实验。这就是对教材的创新使用。

再如我在讲授"电流和电路"一课时，把电流的方向这个问题放到了最后去学习。先用一段日照万平口附近海边霓虹闪烁的夜景，增强学生对家乡的热爱；然后，让学生利用桌面上的器材电池开关导线，还有一个小灯泡和蜂鸣器，看看能不能让灯泡亮起来、蜂鸣器响起来。学生在连成电路之后，分析电路的组成，体验电路的三种状态，以及如何用电路图儿来描述一个电路。完成这些之后，我又设计一个LED灯一枚电子，让学生试一试，看能不能让这个LED灯发光。那么学生在尝试过程中就会发现了，并不是随意操作LED就发光，必须是长角接触电源正极短脚接触电源负极，这就说明LED灯当中的电流是有方向的。那电流的方向是怎样规定的呢？这样灵活地调整知识点的授课顺序，学生是完全可以接受的。

（二）从研究"谁在学习"开始

1. 建立以人为本的学生观。理想的课堂，应该创设一种平等、民主、安全、愉悦的课堂氛围，应该以学生的发展为本，充分体现课堂的生活性、生命性和发展性。

2. 对学情进行针对性的分析。课前先了解学生对于将要学习的内容的了解情况，还要深入了解学生与将要学习的知识相关的生活经验。得到这些信息后，教师才可以对教学中可能遇到的障碍做出预估。

例如在学习"浮力"时，关于浮力产生的原因，大多数老师都是用自制的一个演示器材演示，但是我在授课的时候，因为了解到前面的压强知识学生掌握得非常到位，所以我就大胆地放手，让学生自学。自主完成学习后，学生很轻松地示范讲解出：前后左右四个面同一深度处压强相等，压力抵消，上下表面的深度不同压强不同，不能抵消，所以出现了压强的差，压力的差。我这是根据自己的学生的学情入手，来进行设置的，如果学生压强部分掌握并不是很好就不能这么设计了。

（三）从每堂课的"三问三思"开始

学校领导特别重视课堂教学，正在大力推行"1355"高效课堂改革、给我们每个教研组定好了集体备课日、备课地点和课题。物理组重点开展"同课异构"活动和"一课二备三反思"。"一课二备三反思"，即自己独立备课一次，再集体备课后二次备课，第一次反思是自我反思，集体教研时小组内提出优化建议后二次反思，上完课后总结得失三次反思。每堂课我们从"课前三问，课后三思"开始。"课前三问"：我要教什么？我要怎么教？我用什么教？"课后三思"：有多少学生学会了知识？有多少学生提高了能力？有多少学生收获了成功与快乐？

如今，在特级教师工作坊里，我更是如海绵吸水，不断汲取各位专家的智慧，不断学习和提升着。完美的课堂是不存在的，我们老师每天都在且行且思，且思且行，但是我们相信"行者常至，为者常成"。只要我们全体同仁能形成合力，我们的课改一定会取得丰硕成果，我们的新课标一定会落地生根、开花！

名师简介：

魏艳，高级教师。曾获岚山区教学能手、物理学科带头人、日照市初中物理教学能手、区教学工作先进个人、日照市爱岗敬业优秀教师等荣誉称号。主持的区级、市级小课题多项，论文《浅谈活动物理教学法在中学的实施》在省级刊物发表，优质课比赛获区级、市级一等奖、省级二等奖。

后记

在《初中物理名师行思录》编写过程中，我们无时无刻不被20余位初中物理教学名师的严谨、谦和、敬业、爱业、乐业感动着。从名师的事迹中，我们能感受出他们甘当蜡烛的奉献精神、潜心研究的创新精神和爱生如子的仁爱精神。他们从一名新教师、骨干教师到教学名师的奋斗历程，诠释了什么叫作踏踏实实、爱岗敬业。比起所取得的成绩，他们如何面对困难和解决问题的思路对我们更具有启发意义，也必将对青年教师坚定教育信念，培养教育情怀，提升教学能力，形成教育智慧等有重要的现实指导意义，让编者对更多名师的不断涌现充满了更大期待。

在《初中物理名师行思录》编写中，得到了山东省初中物理特级教师工作坊的马先艳、李艳、孙建智等一批名师的鼎力支持，他们从著作设计、案例提供、书稿修改等方面给出了中肯的意见和建议，对该书的撰写付出了大量心血，向各位辛勤付出的领导和老师们致敬！

最后，还要感谢山东省教育厅教师工作处组织成立了山东省初中物理特级教师工作坊，汇集了一批优秀的初中物理教师，才能有这么多教学名师成长案例得以采集，在此对他们表示衷心的感谢！

《初中物理名师行思录》编委会

2022年6月8日